私のごひいき

高峰秀子

95の小さな愛用品たち

河出書房新社

私のごひいき

95の小さな愛用品たち◉目　次

私のごひいき

95の小さな愛用品たち

装幀——友成 修
(データ作成　枠元治美)

＊おことわり――

本書は、一九七〇年代半ばから九〇年代にかけて販売された商品について書かれたもので、現在はすでに販売されていないものも含まれています。売られていた会社、場所、販売価格は、当時を知る貴重な資料という意味でそのまま掲載させていただきましたが、現在はまったく同じものを当時の条件では購入できない場合がありますので、ご理解いただけましたら幸いです。

1

アピールカッター

わが家の日用品の中で数多いのは、なぜか「ペーパーナイフ」である。あれもダメ、これもいまいち、と買い狂った上に、到来ものの、ネーム入り記念品や贈りものも加わって三〇本ほどもたまってしまった。

目下の私の愛用品は、シールやステッカーをヒッペがすための、この「アピールカッター」で、キャップの裏にはホチキスはずしのツメもついているし、郵便物の開封に、紙切りに、と大活躍をしている。

実用一点ばりでカッコはよくないけれど、とにかく便利、便利。

お値段は700円。新宿、伊勢丹の「家庭用品　雑貨・住いの一一〇番」で売っています。

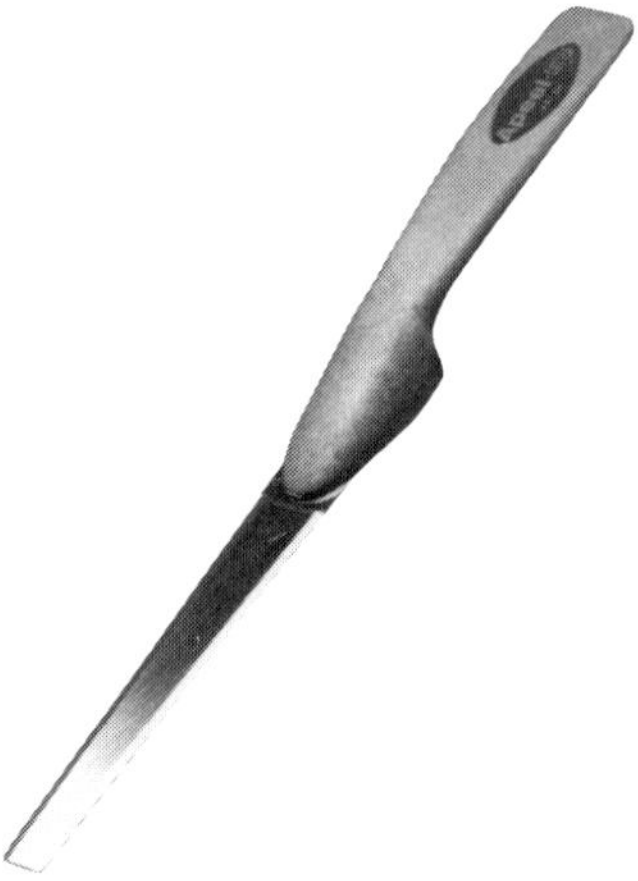

2

油処理バッグ

私たち夫婦は、老人になっても肉食動物で、天ぷらやフライも好物である。

週に二回は「揚げもの」をするのだが、その都度困るのはなべに残った油の処理で、いろいろな方法をこころみたけれど、どれもイマイチ。「いったいどうすりゃいいんだべ?」と悩んでいたところへ、ステキな新兵器が現れた。

油の処理材はいくつか出回っているが、今日ご紹介の一品は、一〇センチ×一三センチの袋で、広げた口へ油をザーッと注ぎ、シールで止めて生ゴミとしてポイできるという簡便さで、私のような無精者にはなんともうれしい商品である。おまけに袋は再生紙、袋に入っている吸油材は粉砕古紙ということだから、だんぜん環境にもやさしい。

一石二鳥とはこのことである。

「七〇〇ミリリットル油用」二個入りで250円。「環境優選」商品、西友にあります。

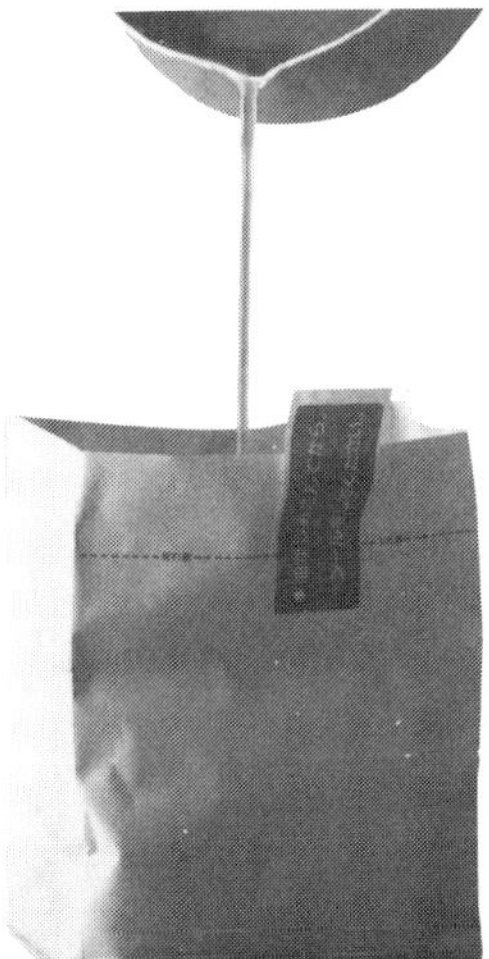

3

雨傘のレインコート

雨の日。電車やバスの中で、隣の人の雨傘のしずくで閉口した経験はありませんか？

映画館やデパートの中で、ぐっしょり濡れた雨傘の処置に困り果てたことはありませんか？　ホント、雨傘というものは便利だけど厄介な代物です。

雨のしずくをサッとふるっても、雨傘にはまだ水気が残っていて「困っちゃったな」というときに、こんな雨傘のレインコートを着せちゃったらいかがなものでしょう。

私は雨の日には必ずハンドバッグにレインハットを入れて外出します。そして、ついでにこの傘入れも持参して、濡れた傘をつぼめたらサッとこの袋に入れちゃうのです。たったそれだけのことで他人に迷惑をかけずにすむのですから、アリガタイことだと思っています。

マイカーの物入れに、ポンと放りこんでおくと、なにかと便利でーす。

（300円。百貨店にあります）

4

エッグセパレイター

私ども夫婦はそろって卵好きである。コレステロールもなんのその、朝食に目玉焼きを二個、夕食にまたまたスキヤキで卵四個食べちゃった、なんてことはザラである。おかずのない時は「卵ぶっかけアツアツご飯」ときめている。そして、卵ぶっかけの場合は、黄味2個に白身は一個分と、これもきまっている。

そこでご登場願うのが、このふしぎなフォルムの卵分け器。底が浅いので卵を割り入れやすい上に、二つの穴から白身がヒョロリ……と落ちてゆくのがユーモラスである。台所用具って主婦の玩具ですね。「PRESTIGE」。英国製。300円。アメリカンファーマシーでみつけました。

5

エッグパンチ

私がまだ少女のころ、台所に立った母は、いつもこう言っていた。「卵が切腹しないようにゆでるには、生卵のお尻に針で穴をあけること。分かったかい？」

卵のお尻にいちいち縫い針を突き刺す、という作業を、母がほんとうに実行していたかどうかはおぼえていないけれど、毎朝の食卓に、カラが割れて白身が飛び出したぶざまな格好の半熟卵がのっていたことがなかったことだけは、よくおぼえている。

冷蔵庫から出したての卵をゆでると必ずカラにひびが入るし、火が強すぎて卵がなべの中で躍ってもアッという間にひびが走る。最近の卵はカラがもろいから、たかが半熟卵ひとつ作るにも容易なことではない。

最近デパートの台所用品売場でみつけた、このエッグパンチを、母の言葉を懐かしく思い出しながら買った。なにもかも説明どおり、卵のお尻をチクリとやるだけで、冷たい卵でもヒビが入らないし、水につけなくてもきれいにカラがむけます。これさえあれば、ハラキリタマゴとは永遠にサヨナラって感じです。ロックしておけば針はおとなしく中に引っこんでいて、なかなか上手に作られていると感心しました。色は黄色とオレンジの二色。

お値段は２８０円也。各デパートにあります。

13　エッグパンチ

6

エッグメーター

世の中には、ピンからキリまでずいぶんと便利な新兵器？　が出現するけれど、これもまた、主婦がウハウハと喜ぶような台所用品である。

ボイルドエッグというものは、一見造作もなくおもえるけれど、卵の大きさ、温度、時間などで、意外と思うように仕上がってくれない。

エッグメーターは、見た目も愛らしく、卵と一緒になべに放りこんでおけば、卵のゆだり具合と共に表情？が変わっていく、という、なにやらふしぎなモノである。

五個、一〇個と大量に卵をゆでるときには、特に調法である。

お値段は９８０円（百貨店にあります）。

7
おっトクハガキ

なにもかも値上がりでハラが立ち、100円ストアで「こりゃ安い」と要らないものまで買いこんでまたまたハラが立ち、と、チィとも面白くない毎日である。

そんなとき、文具店で「おっトクハガキ」なんてふざけた名前のハガキをみつけて、またまたハラが立ってはみたものの、これがわりと便利な新製品でありました。

三面に書けて、切手は50円ですから、手紙好き、乙女チックな若い女性には受けそうです。

ただし、書き終わったらアイロンをかけて一枚にする、というところがちょっと面倒。これどうにかならないかしら、ねぇ。

五枚入りで250円。デパート、文具店にあります。

油性のボールペンで書いて二つに折り、当て布をしてアイロン（120～130度）で軽く押さえる。開けるときは、角からはがすようにする。

8

落とし笠

あたりまえのことだけれど、台所仕事をする人間にとって、気に入った調理道具が手に入ったときほどうれしいことはない。

　早く使ってみたくてウズウズし、その器具のために、作らなくてもいいおかずまで作ってしまう、という経験をもつのは、私だけではないだろうと思う。

　写真は「ポリカーボネート製」とやらの落としぶたである。名前が「落としぶた」でなく「落とし笠」となっているのがシャレているが、文字どおり、回りがかさのようにヒダヒダになっていて、煮汁がうまく対流する、というところがみそらしい。つまみは取り外せるから洗いやすいし、透明なので普通のなべぶたに使っても煮えかげんが見えるので具合がいい。軽くて扱いやすいところも、ブッたたいても割れないところも気に入っている。

　皿洗い機に入れてみたけど歪みもせず無事でした。

　この「落とし笠」、近い将来に各デパートでお目見得するそうだけど、目下の扱い先は㈱不二研刃物。

「落とし笠」は、直径一九センチと一六・五センチのがセットになっていて、お値段は2200円です。

17　落とし笠

9

オープナー

びんづめのフタがどうしても開かなくて、すったもんだの格闘の末、とうとうフタを開けるのをあきらめてしまった、という経験は、だれでも一度や二度は身におぼえがあることだとおもう。

私は、体力テストで握力「0」という点数をもらったほど力の無いダメ女だから、びんづめのフタを開けるのが大の苦手だ。フタとびんの間にキリキリと輪ゴムを巻きつけてみたり、フタを熱湯につけてみたり、フタの回りを金ヅチでたたいてみたりして、オナラの出るほど頑張っても開かなければ、グヤじいけれど屈強の男性の手を借りなければならない。したがって、世に「オープナー」と名のつくものがあれば、親の仇《かたき》のごとく買い狂うのだけれど、これが見かけ倒しで信用できない代物が多いのが、また、口惜しい。

最近入手したこのオープナーは、見かけはヘニャヘニャしていて頼りなげだけれど、力学的によほどうまく考えられているのだろう、どんなフタでもスイスイ開いてしまうのでおどろいた。「人は見かけによらない」というけれど、このオープナーには「おみそれいたしやした」と、シャッポを脱いだ。

スイス製。1800円。デパートにあります。

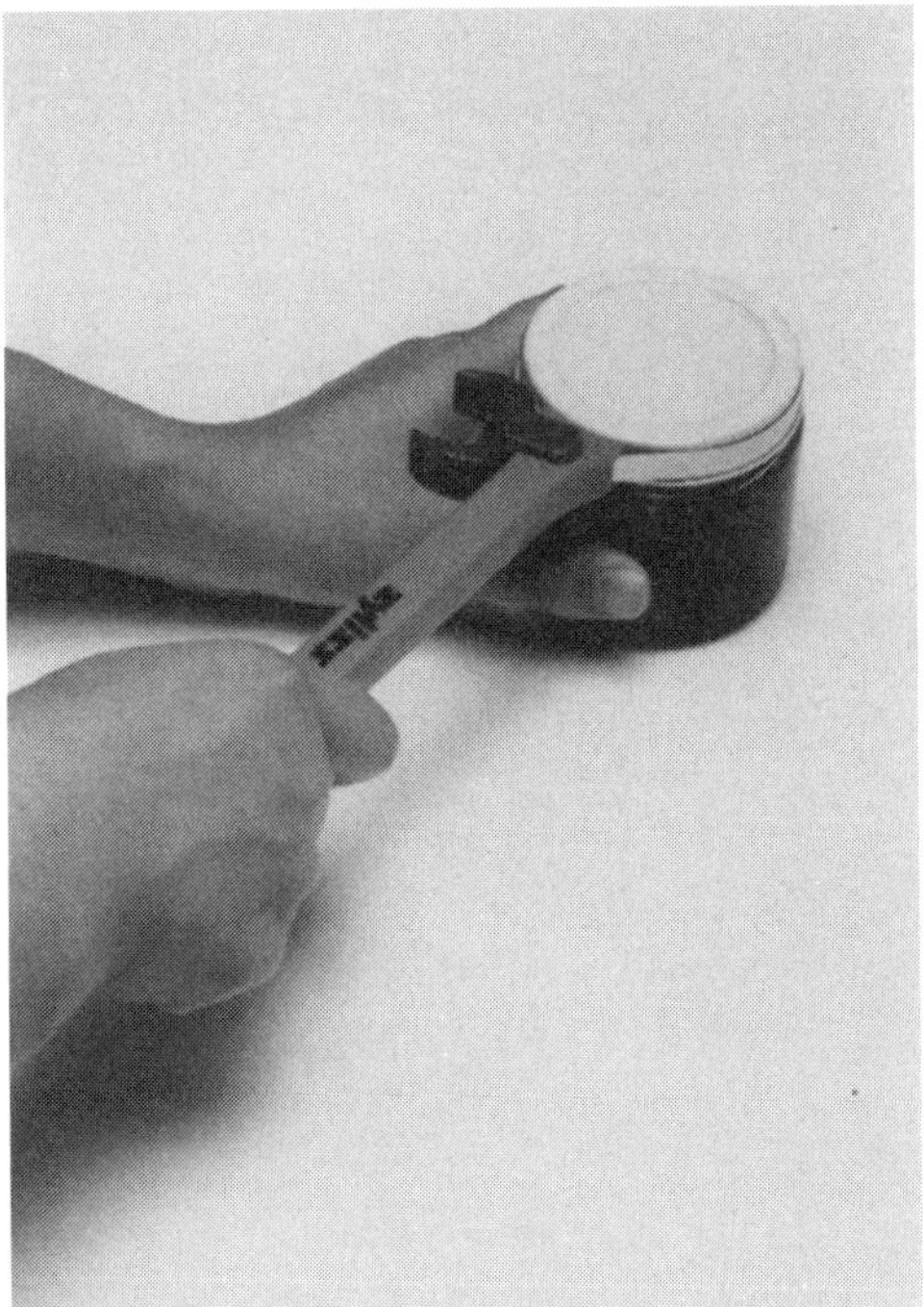

19　　オープナー

10
折りたたみコップ

外出先でウガイをしたいとき、薬をのみたいときなどに、ちょっと便利なコップです。

いまを去ること三十年ほど前にニューヨークでみつけて、便利、便利と喜んでいたのに何時の間にか無くなってしまって、つい最近ようやく再会できた懐かしいコップです。

ふたをひっぱり上げるとプラスチックのコップが提灯《ちょうちん》みたいにのびるのが愛らしく、旅行好きの友人へのプレゼントにもしゃれてます。

直径六センチ、コップの高さ七センチ。メイド・イン・ウエストジャーマニーで、色は、赤、黄、白、ブルー、グレーの五色あり、お値段は620円。
池袋・西武百貨店、スポーツ館にあります。

11
折りたたみ水筒　ケルプ

私は「旅行用品売場」をウロつくのが大好きだ。かならず、一つか二つは便利な新製品がみつかる。

この、ポリエチレンの袋はごくニューフェイスで、評判がよろしいそうである。水筒の代わりによし、水を入れて冷凍庫で凍らせれば製氷皿の代用にもなり、使用後は畳んで持ち帰れるところがミソである。大きさはハガキよりやや大きめで一二センチ×二〇センチだが、七〇〇ミリリットルという大量の水が入るのでビックリ。

うちの夫・ドッコイは趣味＝弁当で、旅行に出るときはいつも弁当持ちである。これからは、この「ケルプ」とやらに冷ました番茶を入れてあげようと思っている。

デパートの旅行用品売場。価格150円。

12

オルゴールつきカード

世の中、平和なせいか、最近はちょっと街を歩いても、いろいろと珍しい新製品に出合う。

スーパーマーケットのレジのそばで、ふっと結婚祝いのカードを見つけた。白無地で、なかなかスマートなデザインだけれど、値段が高いのでちょっとビックリした。

手に取ってみると、カードの中にオルゴールが仕掛けてあって、カードを開いたとたんにウエディングマーチがワンコーラス鳴る。

使用回数が六万回とのことで、ますますビックリした。

ウエディングのほかに、バースデーやクリスマスカードもあり、試してみたら音色もちゃんとしていて、なかなか楽しい。

贈って喜ばれるもののひとつだとおもうけれど、いかがでしょう?

23　オルゴールつきカード

13

鍵カバー

　私たちの生活にくっついてまわるものの一つに「鍵」という厄介なものがある。家の鍵、車の鍵、金庫の鍵などと、イヤでもオウでも鍵の数は増えてはきても決してへらない。

　キイホルダーにひしめいている鍵たちの、いったいどの鍵がどこの鍵だっけ？　と、わけが分からなくなってくる。

　最近みつけたこの十円玉ほどの丸い輪は、鍵のカバーで、やわらかいプラスチックだからどんな形の鍵にもフィットするし、色数も白、黒、黄、緑、赤、青、などと豊富だから、玄関はグリーン、車はピンク、などカバーの色でおぼえていられて便利重宝。鍵同士がぶつかりあうカチャカチャ声とのおつきあいもこれでオサラバができる。

　歌舞伎座の並びの「プラスチックセンター」か、六本木の「アクシス」などで売ってます。ドイツ生まれ、一個50円也。

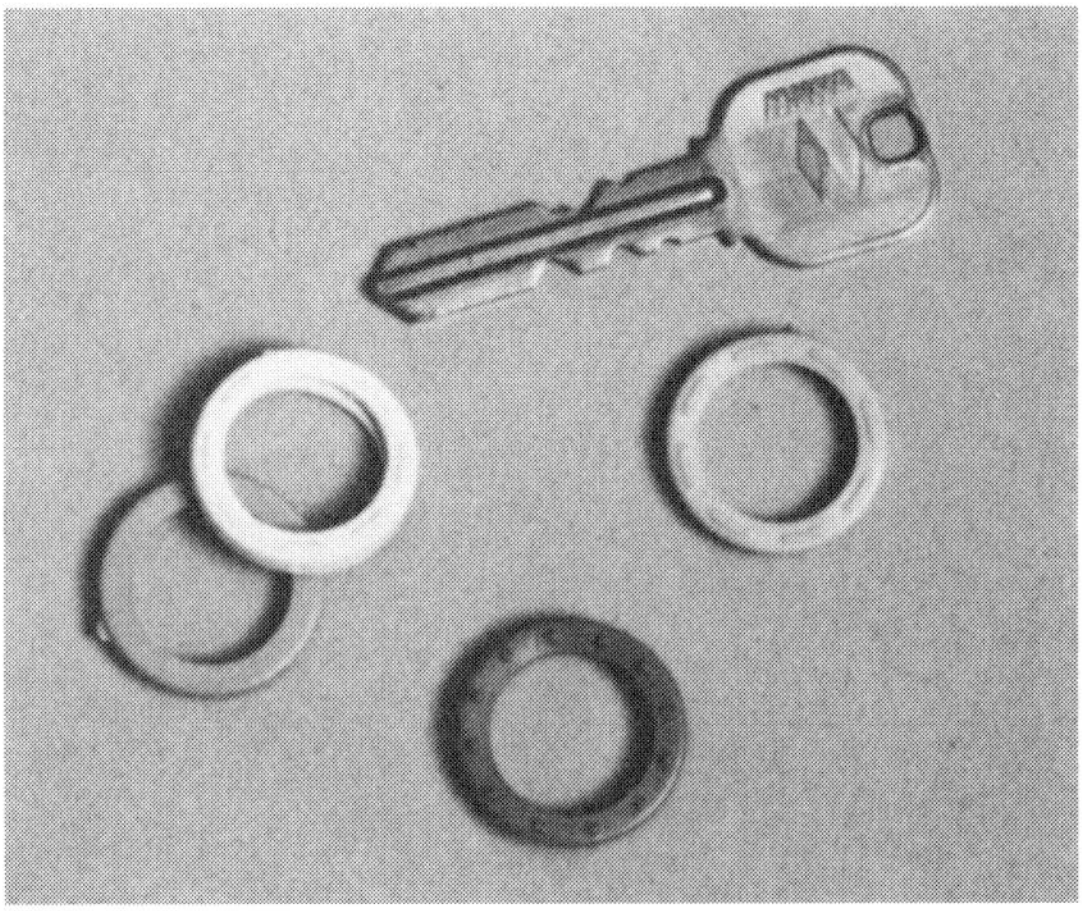

25　鍵カバー

14

角砂糖

ヤレ誕生日だ、ソレ結婚記念日だ、ホラ入学祝いだ、卒業式だ。お中元、クリスマス、お歳暮、お年賀、かてて加えて、父の日、母の日、子供の日に老人の日。それでも足りずに「バレンタインデー」なんて外国の習慣まで輸入して、恋人でもない人にハート型の箱に入ったチョコレートを贈ったりする……。

日本人ほど「贈り物」の好きな、いや、贈り物の習慣にがんじがらめになっている国民はないだろう、と思う。見た目に、ある程度のカサがあって、内容よりもぐんとお値うちがありそうにみえて、だれもがワア！　と喜ぶモノなんか、この世にはないのだ、と知りつつも、デパートや専門店を、足を棒にして「いいもの」見つけに歩くこのつらさ。主婦ならばだれもが経験することである。

新宿タカノの地下売場をウロついていたら、こんなお砂糖が目についた。小型の角砂糖の上にピンクのバラや紫のブドウがチョコンとついていて、「かわいいもの好きな女性」への贈り物にいいな、と思った。

二五個入りが550円、五〇個入りが1100円。紙レースの衣装を着て、パッケージは真っ白で、なかなかシャレています。

27　角砂糖

15 片くち

　昔、といっても、どのくらいの昔からなのか私は知りませんが、どこの家の台所にも必ず「かたくち」という台所用品があったものです。いえ、あった、というより「なくては困る」ほど、それは便利調法な道具のひとつで、丸い丼鉢の一方が、ちょうどヒョットコの口のように細く突出ていて、たとえば酒ダルの口からダボダボと酒を受けて徳利にうつしたりするときなどに使う器、といえば「ああ」と思い当る人も少なくないでしょう。

　形は同じでも、大きさは洗い桶くらいのものから飯茶碗くらいまでの幅があり、ヒョットコ口が不必要なときにも現在のステンレスやアルミのボウルのように自由に使いこなされていたようです。けれど、台所から外へはめったに出歩かない雑器のせいか、焼きも作りもいたって素っ気なく平凡で、とくに上等品といえる「かたくち」はなかったようです。

　私たち日本人の生活様式が変わると同じに「かたくち」もまたその必要性を失ったのでしょう、だんだんと台所から姿を消してゆき、いまでは僅かにましこ焼きなどの「かたくち」が民芸品店に並んでいるくらいで、若い人の中には「かたくち」という名前すら知らない人もいるのが私は残念でなりません。というのは、実際に使ってみると「かたくち」は実に使いみちが多く、とき卵をヒョットコ口から細く注いで「卵とじ」を作ったり、合わせた「かけ汁」を小鉢に注ぎわけたり、徳利に酒を入れたり、と面倒な役目を全部果してくれる便利な器であることが分かるからです。

デパートの売場で、プラスチック製のかわいい片くちをみつけたとき、私はおおげさでなくうれしくてとびあがりました。形はモダンでスマートに改良され、いわゆる民芸品のような鈍重さもなく、材質がモロい陶器ではないのでヒョットコ口が欠ける心配もなく、とりあつかいもいたって手軽というので、わが家の台所用品の中でも立派にスターの座を占めている次第です。

片くち　大240円、小160円（西武百貨店調べ）

16
カッター

デパートの買物ついでに、必ず立ち寄らなくては気がすまないのは「台所用品売場」と「文房具売場」である。

台所用品と主婦は、切っても切れない親密な間柄だ。つきあいが濃いだけに、愛着もわくけれどアキもきて、たまには浮気をしてみたくなる。台所用品売場を、蚤とりまなこで歩きまわって、なにかしらの新兵器をみつけたときは、マンネリの台所仕事がしばらくの間は楽しく新鮮になる。

台所用品にくらべれば、「文房具売場」の徘徊《はいかい》は、趣味、ホビーに等しく、大人のオモチャさがしというところだろうか。

この、ペロンとした、一見靴ベラみたいな代物は、デンマーク生まれ、紙一枚だけ切れるカッターで、新聞や雑誌の切り抜きなどにもってこい。旅行用にも便利だし、父の日、母の日などのプレゼントにもしゃれている。

デンマーク生まれ。お値段は２５０円。銀座・伊東屋にあります。

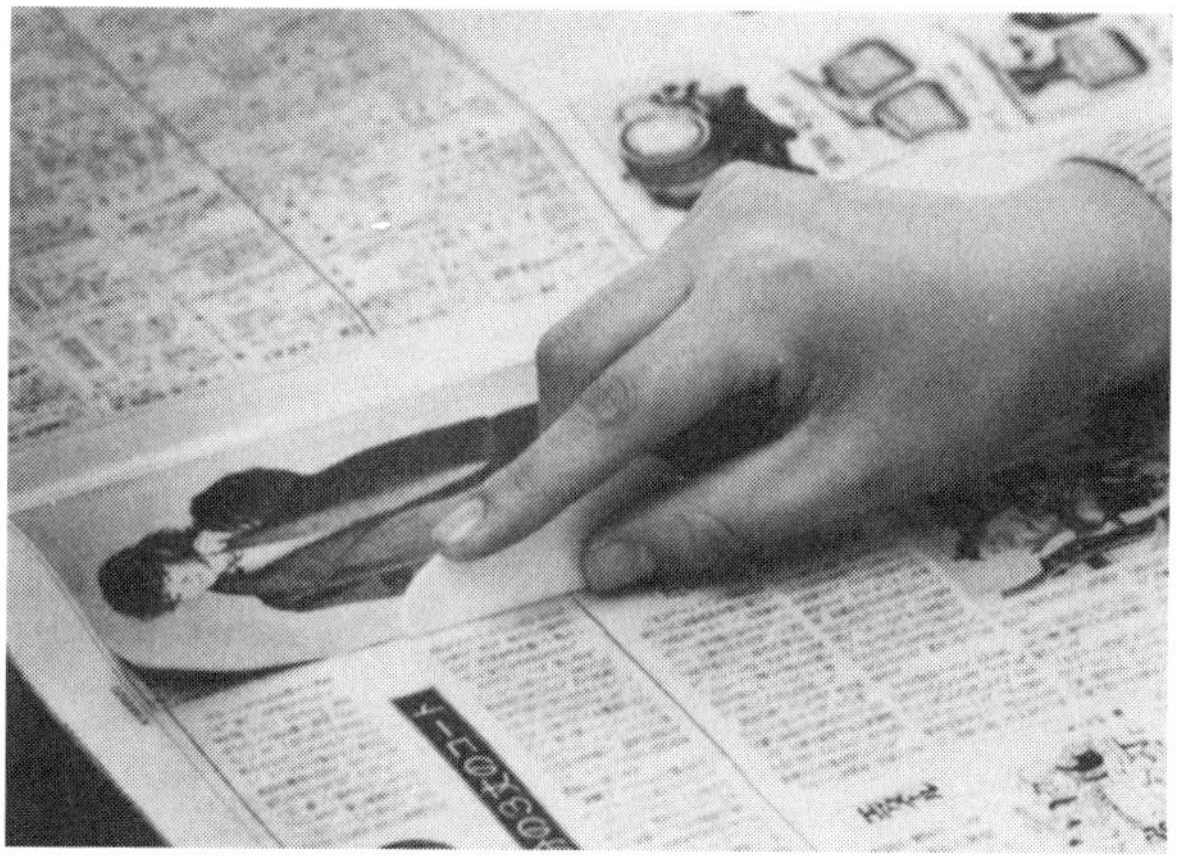

Safety Magic Cutter
HILTEX
DENMARK

17
紙マスク

外国では、マスクをしている人は「肺結核」か「鼻のない人」くらいですが、日本国ではマスク愛好者が多いのか、マスクの種類も多いようです。

ガーゼやサラシのマスクは洗うとなんとなくショボたれて不潔な感じがしますが、こんな紙マスクでも充分役に立つと思いますがどうでしょう？　頼りなかったら中にガーゼを入れてもいいとおもいます。

歯科医などの使う「使い捨て医療品」なので市販はされていませんが、薬局に頼むと取りよせてくれます。仕事でカラースプレーなどを使う人、農薬をまく人、と、なかなかファンが多いようです。

「JMS・マスクA」

発売元、日本メディカル・サプライ。

一〇〇枚入りで1000円です。

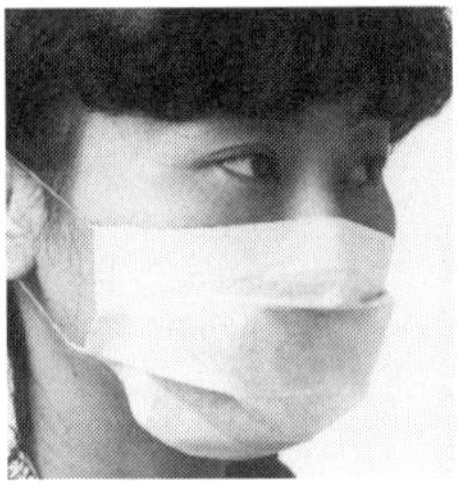

18

ガーリックセラー

夫婦そろって、ニンニクのファンである。かつおの刺身におろしニンニク。スパゲティに刻みニンニク。サラダドレッシングにもニンニクちらり。カレーソースにたたきニンニク。と、一年中、ニンニクだけは切らしたことがない。

マーケットで、コロリと太った新鮮なニンニクをみると、思わず買ってしまうのだが、ニンニクは少々ヘソ曲りで、放り出しておけば臭いし、密封すれば腐るしで保存がむずかしい。だから、このガーリックセラーに出合ったときは本当にうれしかった。

直径10センチほどのツルンとした陶器の小つぼで、両サイドに通風孔があいていて、理想的なニンニクの住居である。素焼きの外国製もあるが、汚れがつくし、お値段も1800円と、チト高い。このものはメード・イン・ジャパンで1250円。

日本橋の高島屋にありました。

19
キッチンナイフ シャープナー

私のようなダメ女房でも、台所をはいまわる生活が三十余年も越せば、曲りなりにも毎日のおかずくらいはなんとかゴマ化せるようになる。ただ、いまだに苦手、というより全くお手あげなのが、ご存命中の魚をおろすことと包丁を研ぐことで、切れなくなった包丁を砥石でスイスイと研いでくれる夫・ドッコイの手もとを、口あんぐりと眺めている自分が恥しい。

砥石に代る、安直な包丁とぎはないものか……と、どれほど探しまわったことだろう。

やっとめぐり合ったのが、フィンランドと日本国の京セラの製品が同居している「セラミックシャープナー」。チビで、軽くて、簡単で、一日に一回はお世話になって感謝している。西武百貨店にありました。

セラミックロールシャープナー、お値段は2000円。

色も「白」と「黒」の二色で、カッコいい。

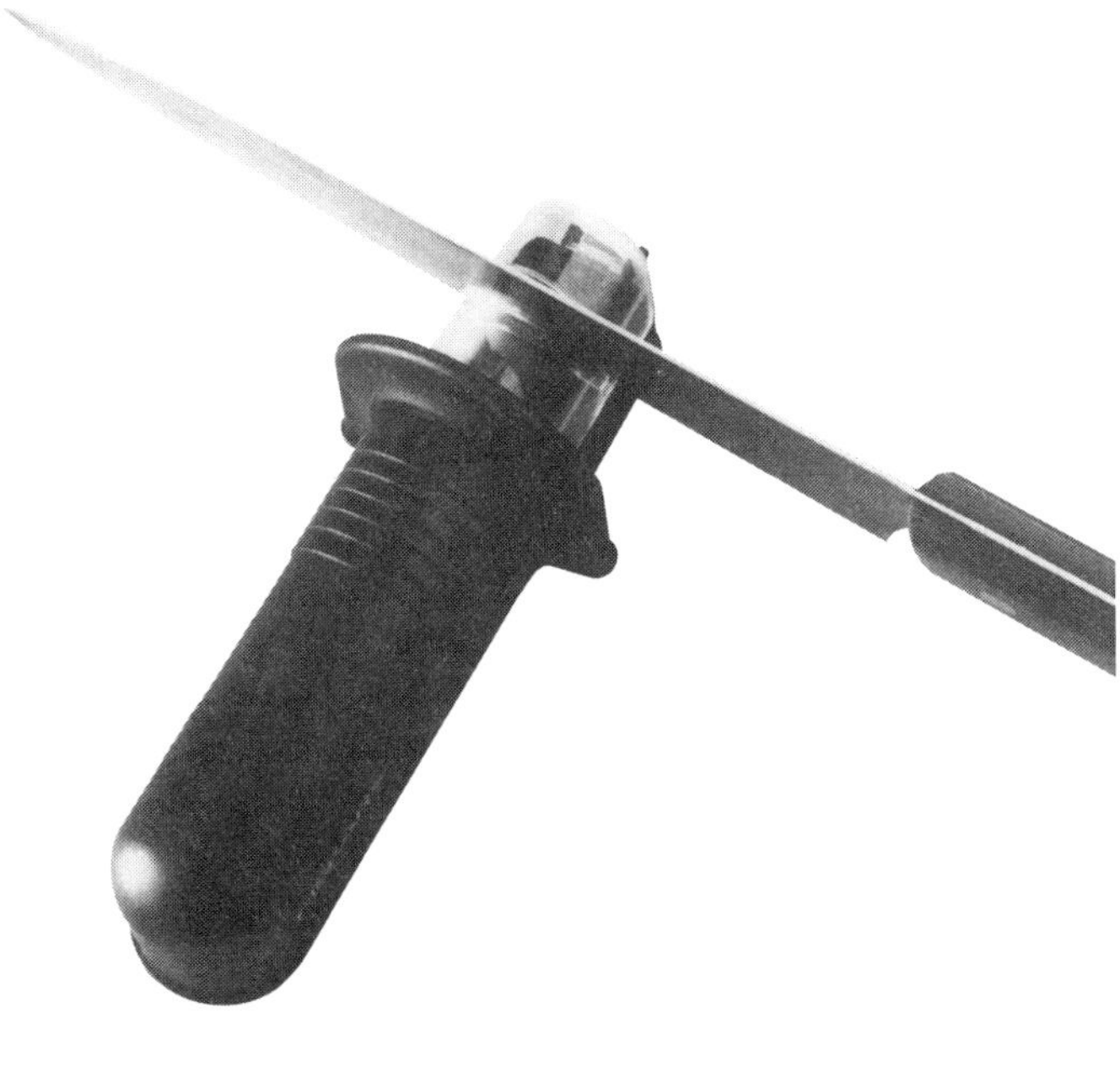

35　キッチンナイフ シャープナー

20 キラキラ ステッカー

元来、男っぽい出来なのか、私は愛らしい人形や動物のついたカードやステッカーなどにはトンと興味がない。が、最近銀座の「伊東屋」へ名刺を注文に行った帰りにチラリとステッカーのコーナーをのぞいたら、直径五ミリほどのひときわキラキラ光るステッカーが目を引いた。形はハートと星の二種類で少々乙女チックだけれど、私は思うところがあってなるべく目立つ金と赤の二色を買った。

家へ帰ってからは大忙しだった。八個の目ざまし時計のアラームの表示の上にペタリ、赤色のボールペンの頭にペタリ、ハンドバッグの中でいつも行方不明になってしまう黒いサインペンの頭にもペタリ、四冊ある電話帳の緊急のページにペタリ……。お嬢ちゃんのお遊びとはちがって、七十歳の私の使い方は現実的で夢がないけれど、赤いハートのきらめきはとても役に立って、私の「いいもの」のひとつに入っている。

メイドインUSA。お値段は1シート250円。

37　キラキラ ステッカー

21

クイックボタン

アメリカのデパートの裁縫用品売場をウロついていたら、こんな「いいもの」を見つけたので、もう日本国にも出まわっているかもしれないけれど、ちょっとご紹介したくなった。

シャツのボタンが取れたときの応急手当用品だが、なにせ頭のいい便利な一品である。

ビョウのようにとがった凸の頭を布地に差しこみ、裏から凹をパチンと合わせて凸の頭を折り取ってしまうと、全く針糸いらずでボタンが固定されてしまう。

いつぞや、うちのオット・ドッコイが旅行に出たとき、ワイシャツのカフリンクを忘れて困り果てた、ということがあったので、私は早速「カフリンクの代用品」としてこのプラスチックのボタンを四個、夫の洗面道具入れの中へ放り込んだ。泊りがけの旅行のとき、夫がスーツケースの中にまず入れるのは洗面道具。その洗面道具入れごとソックリ忘れるようでは自分の顔も忘れていくでしょうから、と、ボタンの安全地帯に選んだ次第である。

やれやれ、女房とは忙しいものですヨ。

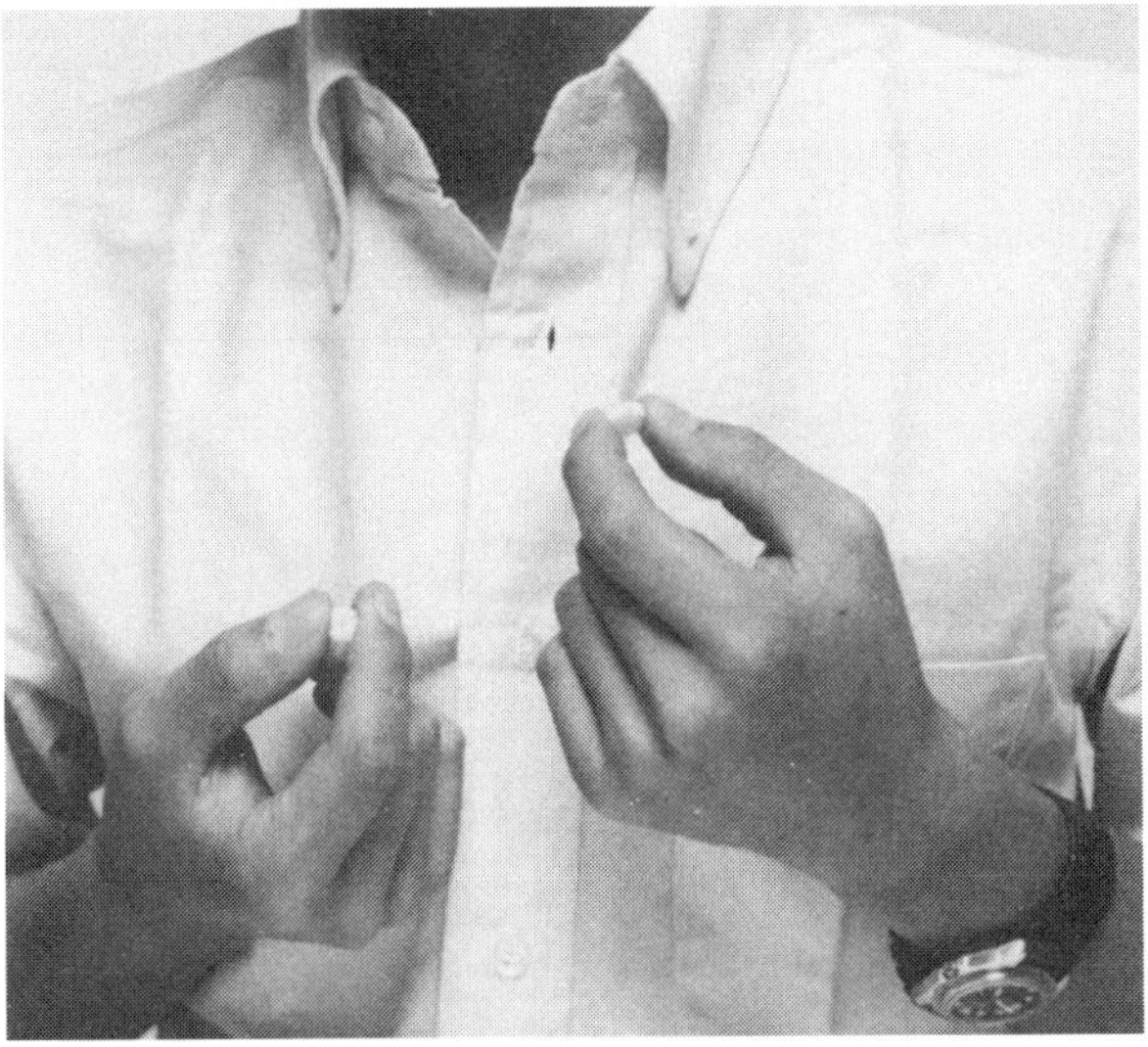

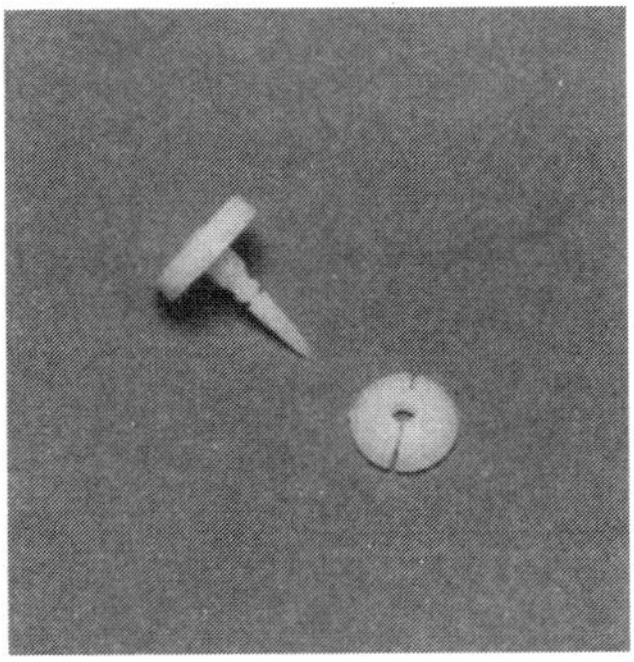

39　クイックボタン

22

クッキー・ローラー

昔から甘いものが苦手で、間食もダメ、おまけに我が家には子供がいないから、私はお菓子というものには全くエンがない。

エンがないからお菓子作りにも冷淡で、クッキーひとつ焼いたことがない。その私が、このギザギザのロールを一見して、つくづくと感心してしまった。クッキーのドウを平らにのばして、この器具でゴロリとひとなでするると、無駄が全然出ずにクッキーの型がぬけるのだそうである。

お菓子を作らない私でも、こういう便利なものをみつけると、持ち前のケチ精神がホクホク喜んで、ちょっとご紹介したくなりました。

メイド・イン・ジャーマニー。

お値段は２５００円。渋谷「東急ハンズ」でみつけました。

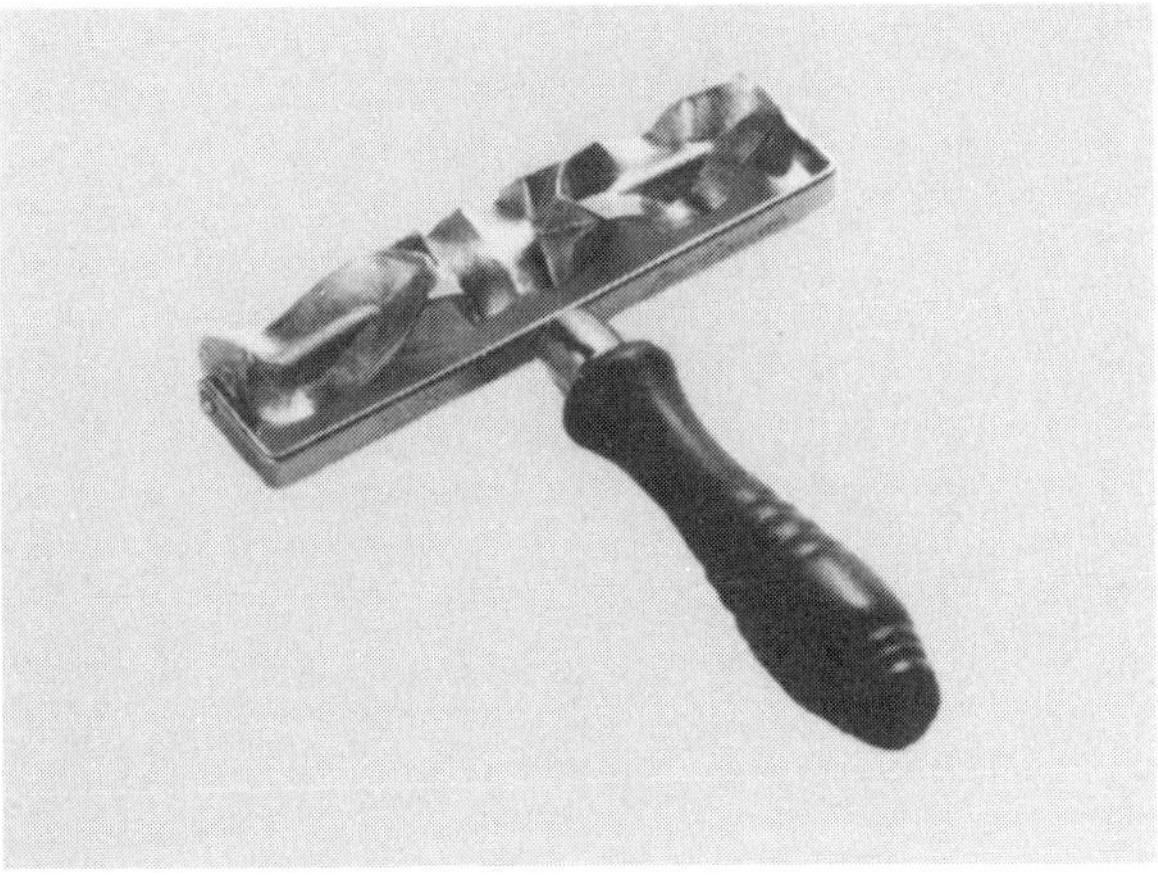

41　クッキー・ローラー

23
栗くり坊主

栗は食べたし、皮むき面倒。

その悩みをポン！　と解消してくれる栗の皮むきが出現した。ギザ刃切り刃のコンビになっていて、固くてツルツルの栗の皮がいとも無造作にむけて、力も要らない。

栗ごはんが大好物の夫・ドッコイが、「よし、ボクがむいてやる」とはさみを持ったのはいいけれど、二、三個むくうちに指を切って降参した。

こんなに安全なはさみで怪我《けが》をするほうがどうかしていると思うけどねえ……。ま、やっぱり夫には「僕、食べる人」でいてもらいましょう。アーア。

栗むきはさみの名前は「栗くり坊主」。

2500円、と、ちょいと値段は張りますが、栗ばかりでなく、しょうがや里芋の皮もむけるし、替刃もついていてとても親切。ひとつ持っていれば一生ものです。

デパートのキッチン用品売り場にあります。

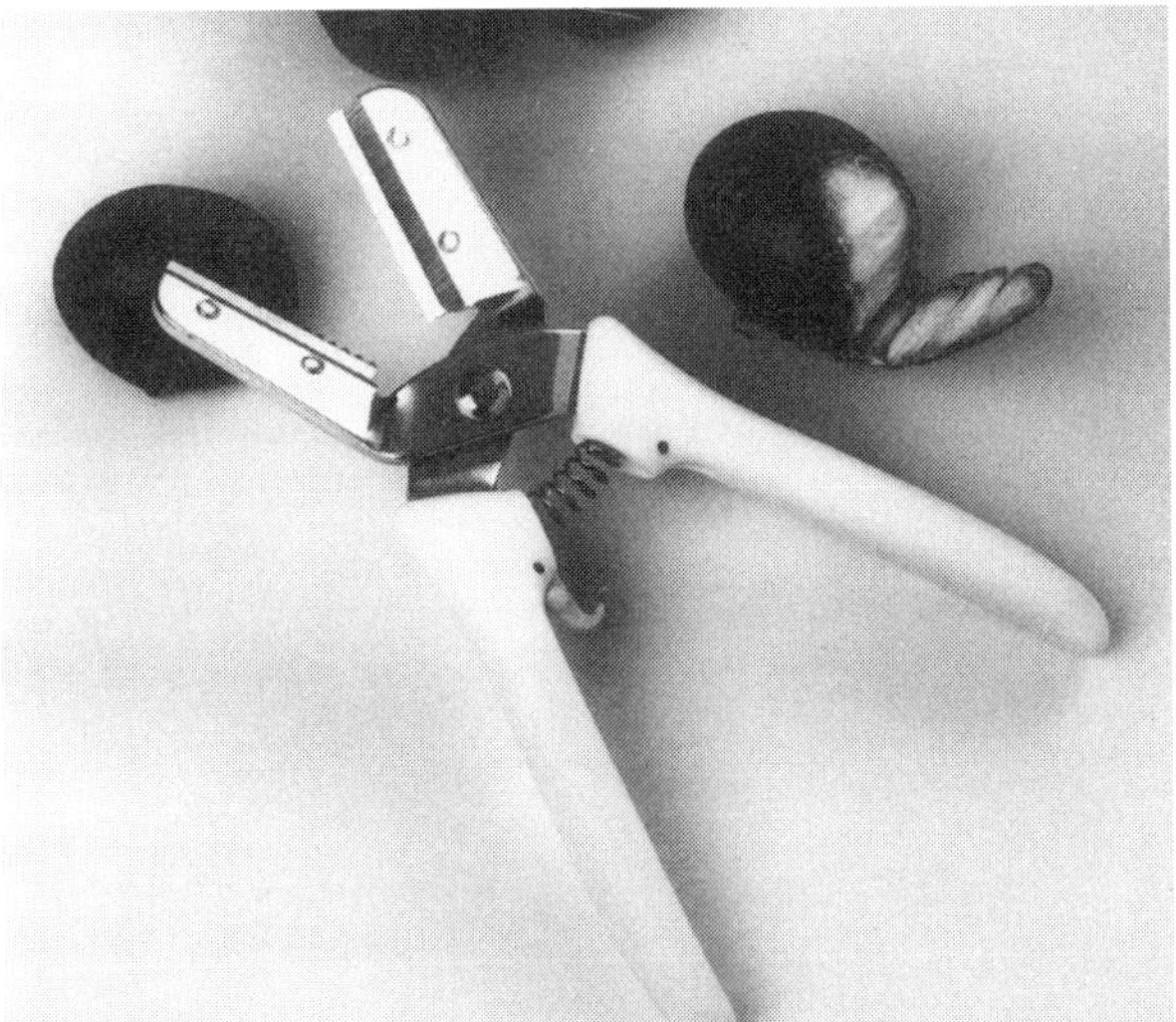

43　栗くり坊主

24
携帯靴みがき

旅行ブームのせいか、最近、ちょっと便利な旅行用品が出まわってきたので、年中あちこちと飛びまわっている私のような人間にはありがたいことである。

最近は、中国、アフガニスタン、パキスタン、エジプト、ギリシアなどへ旅行したが、連日のバス旅行や砂漠のなかで便利重宝したのは、なんといっても、「ぬれナプキン」と「携帯靴みがき」だった。

インスタント靴みがきは二種類あって、かたやアメリカ製、かたやオーストラリヤ製。どちらも効果は大差なく、五センチ角の手軽さだから携帯に便利だし、サッとふくだけで汚れた靴がピッカピカになる。昔は靴クリームからブラシまでがコンパクトされた靴みがきセットを持ち歩いたものだけれど、これが出現してからは荷物が少なくなって大喜びしている。

旅行用でなくても、雨の日などハンドバッグに入れておくと重宝する一品。

デパートの靴売場か、旅行用品売場にあり、お値段は六枚で200円ちょっとです。

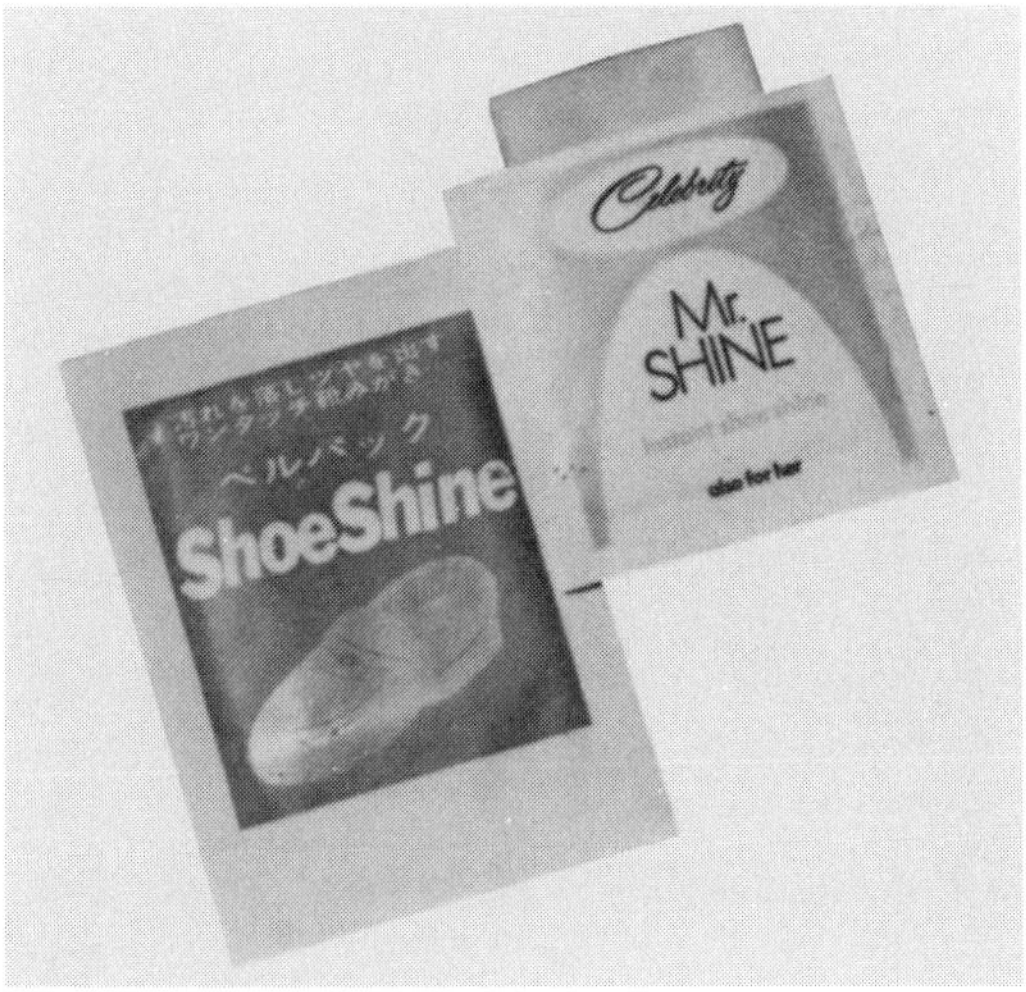

45　携帯靴みがき

25
携帯用ブラシ

私は仕事柄、旅行が多い。

女性の旅行はたとえ一泊にせよ、荷物がかさばって重くなるので、最近はスーツケースに入れる物はまず軽く、そして小さい物を選ぶようになった。これもオトシのせいだろう。

ふだんはほとんどお化粧をしない私でも、営業用？　旅行ともなると化粧品も必要で、これがかなりのスペースをとってふんぞりかえる。なかでもヘアブラシの始末には閉口していたところ、ついこの間こんなチビブラシをみつけて便利をしている。長さ一一センチ。使用後は、両端をペコリと押すとブラシの部分がまんなかに集まって小さくなり、ハンドバッグにも入る。

色はグリーン、白、赤、の三色。お値段は480円。王様のアイデア商品です。

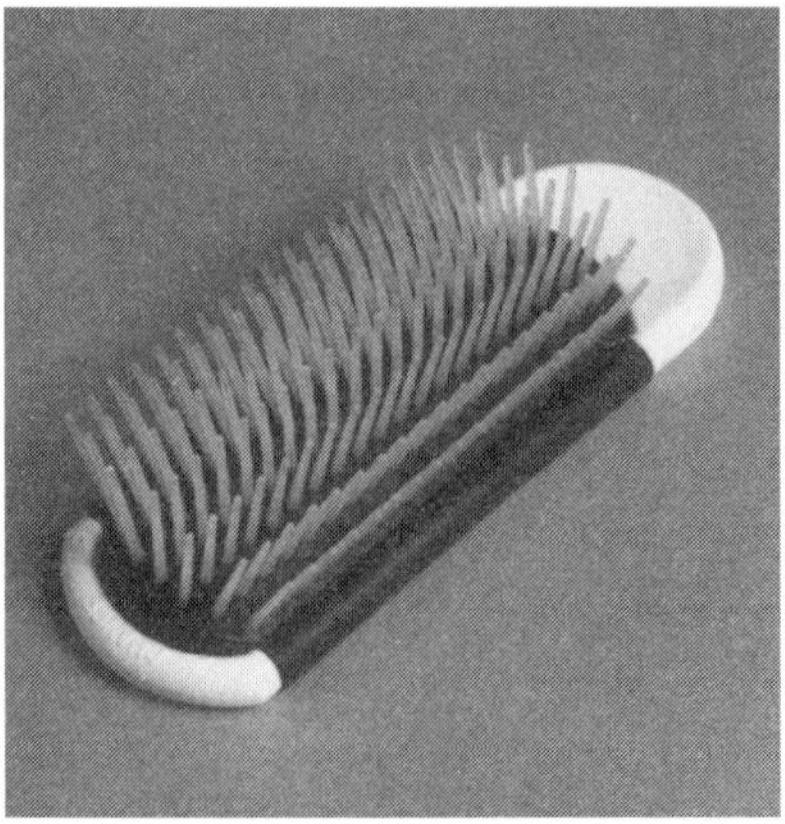

26

消しゴム　鉛筆型

生まれつきの悪筆のうえに、よく字を書きそこなってガックリくる。鉛筆なら消しゴムで造作なく消えるけれど、サインペンやボールペンではお手あげで、紙ばかり無駄にして自分が情なくなる。

いろいろな消しゴムをためしてみたけれど、インクの色が広がってしまったり、紙に穴があいちゃったりで、イマイチだった。

この鉛筆型消しゴムは、根気よくこすりさえすればサインペン、ボールペンもすっきりと消えてくれるので、目下の愛用品のひとつになっている。

アメリカ製で少々値段は張るけれど、買ってソンをしない一品である。

（500円、伊東屋調べ）

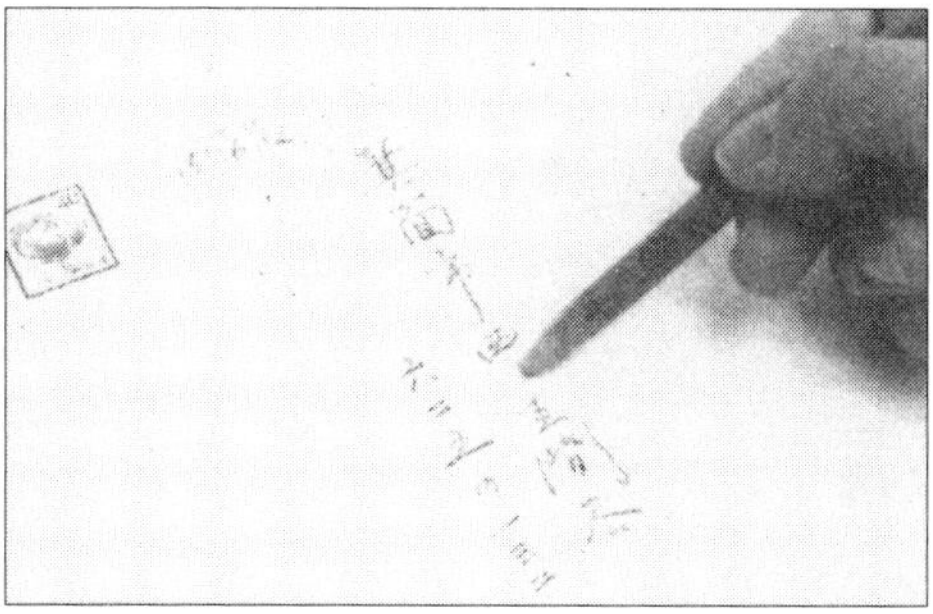

27
消しブラシ

物資の乏しい戦時中を経験した人間の一人として、私もまた人後におちないモッタイナガリである（実は生まれつきケチなのかも）。

例えば、わが家の台所用メモは、毎日山のように舞いこむダイレクトメールの裏や書きそんじの原稿用紙の裏を使っているし、虫ピン一本、輪ゴムひとつでも無造作にポイと捨てることは、国家の損失だと私は信じて疑わない。だから、手紙や原稿の字を書きまちがえたときなどは、われとわが頭をブッ叩いてやりたいほどグヤじい。

質実剛健の国ドイツで生まれた、このステッドラーの「消しゴム」ではない「消しブラシ」は、鉛筆でもインクでもサッサッと消すことができるので、私の愛用品のひとつである。

お値段は600円。600円の一生ものがあるなんて、やっぱりドイツだなァと感心してしまう。ただし、細いガラスの繊維なので乱暴に扱うと指に突き刺さったりするから要注意である。

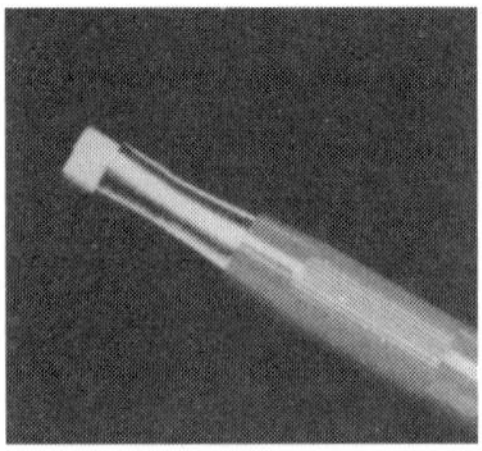

28

紅茶用ミニバスケット

スーパーマーケットやデパートの食品売り場をのぞくと、チマチマと一人前にパックされた食料品のあまりの多種多様さにビックリする。私なら、さて、何を買おうか？　キンピラゴボウと、とりの唐揚げ、おひたしとキュウリ巻き、いや、それともポテトサラダとコロッケ、ツナサラダサンドイッチにしようか……。それにしても、こういうチビ食品が飛ぶように売れているのにまたビックリする。つまり、東京にはいかに「一人住まい」が多いか、ということだろう。

一人前といえば、このかわいい紅茶用バスケットもまた、カップ一杯分の紅茶をいれるのに便利で、バスケットに紅茶をいれ、温めたカップに入れて熱湯を注いで三分たてば出来上がり、ティーバッグにはなんとなく抵抗を感じる、というお方にはおすすめの一品です。

〝アフタヌーンティー〟でみつけました。お値段は、３８０円。

29

ゴムのオープナー

私は、「いいもの見つけた」(『TWO WAY』誌連載)に何度かオープナーを登場させたけれど、今回もまたまたオープナーさんの紹介である。つまり、主婦というものは年がら年じゅう、常に頑固なびんのフタと格闘をしているのダ、ということの証拠にほかならない。

それにしても、このオープナーの、なんとも素朴、単純なところが、意表をつく、というか、正に「忘れていたおふくろの味」的で面白い。このオープナー、直径十二センチ、厚さ約三ミリほどの、なんということもないゴム製品だけれど、四角くポチポチとへこんでいるところが、どうやらミソのようである。

説明書きには、オープナーの他の用途には「ランプや灰皿や花びんのすべり止めにも、またコースターにも利用できる」とあるが、なにより便利で主婦に重宝されるのは、従来の、シャッチョコばった場所ふさぎのオープナーとは違って、ヒョイと台所の引き出しに納まってしまうところだろうと思う。

アメリカ生まれ。お値段800円。いまのところ東急デパートにあり。

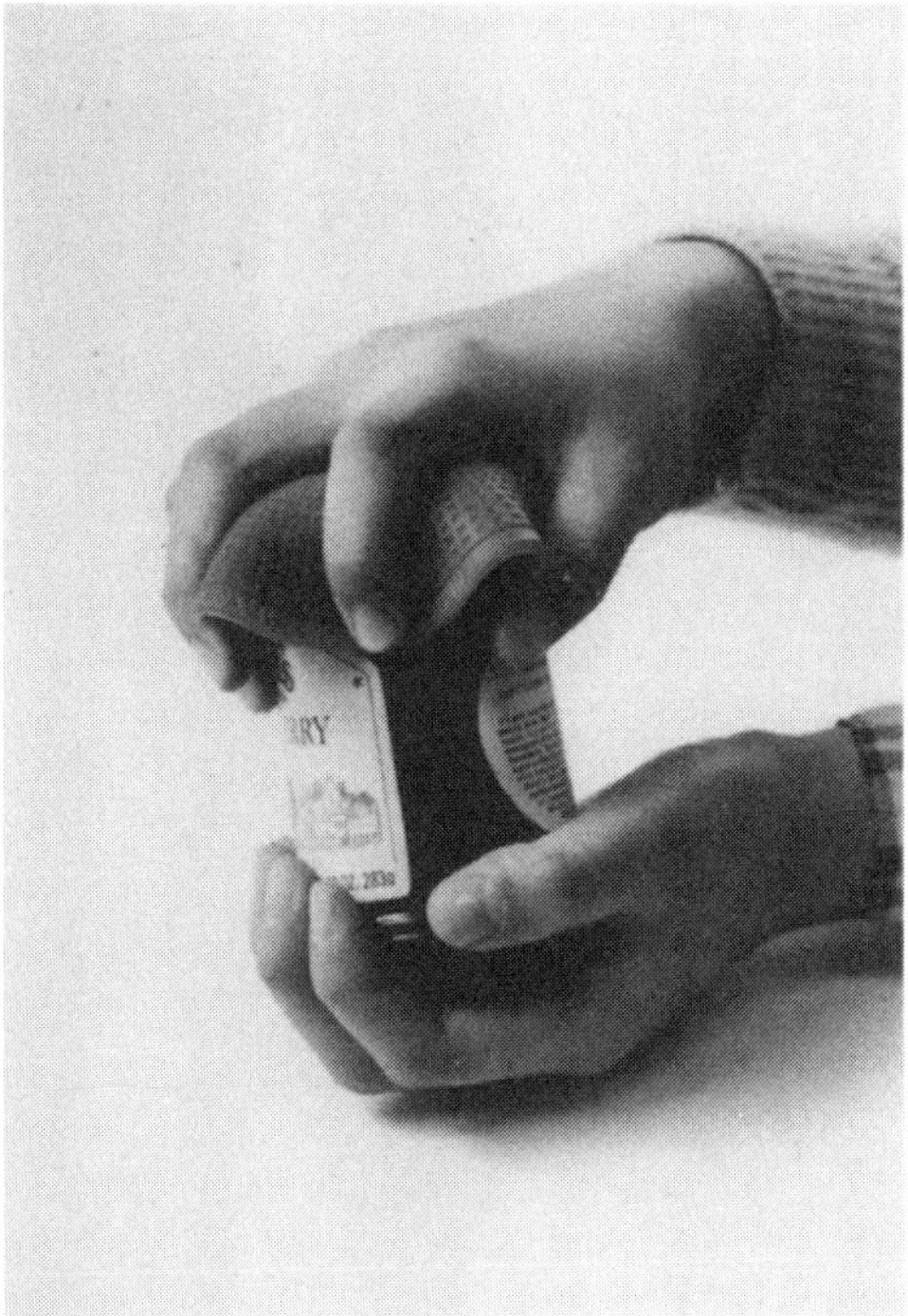

51　ゴムのオープナー

30
ゴムの手袋

人間の手は「脳の出張所」というけれど、私たちの手は、微に入り、細にわたって、全くよく働いてくれる。

ことに、家事を受けもつ主婦の手の大活躍ときたら、いっときとして休むヒマもなく忙しい。娘時代にはふっくらと美しかった両手の甲に、いつの間にかシミが浮き、シワが寄り、もろくなった爪がパサパサと割れてくる……。この悲しさは、女性でなければ到底わからない。荒れた手を人前にさらす恥ずかしさよりも、台所仕事や庭仕事で強い薬品を使うときにはコマメに手袋を使って、自分の両手をいたわってやりたい、とおもう。

この手袋は、材質が厚すぎず、薄すぎず、手首のところが適当に長いところがおすすめ品。使ったあとでシッカロールを振りかけてひっくり返しておくと、次に使うときにサラリと手が入ります。

サイズは6半から8まで。お値段は150円。各薬局にあります。

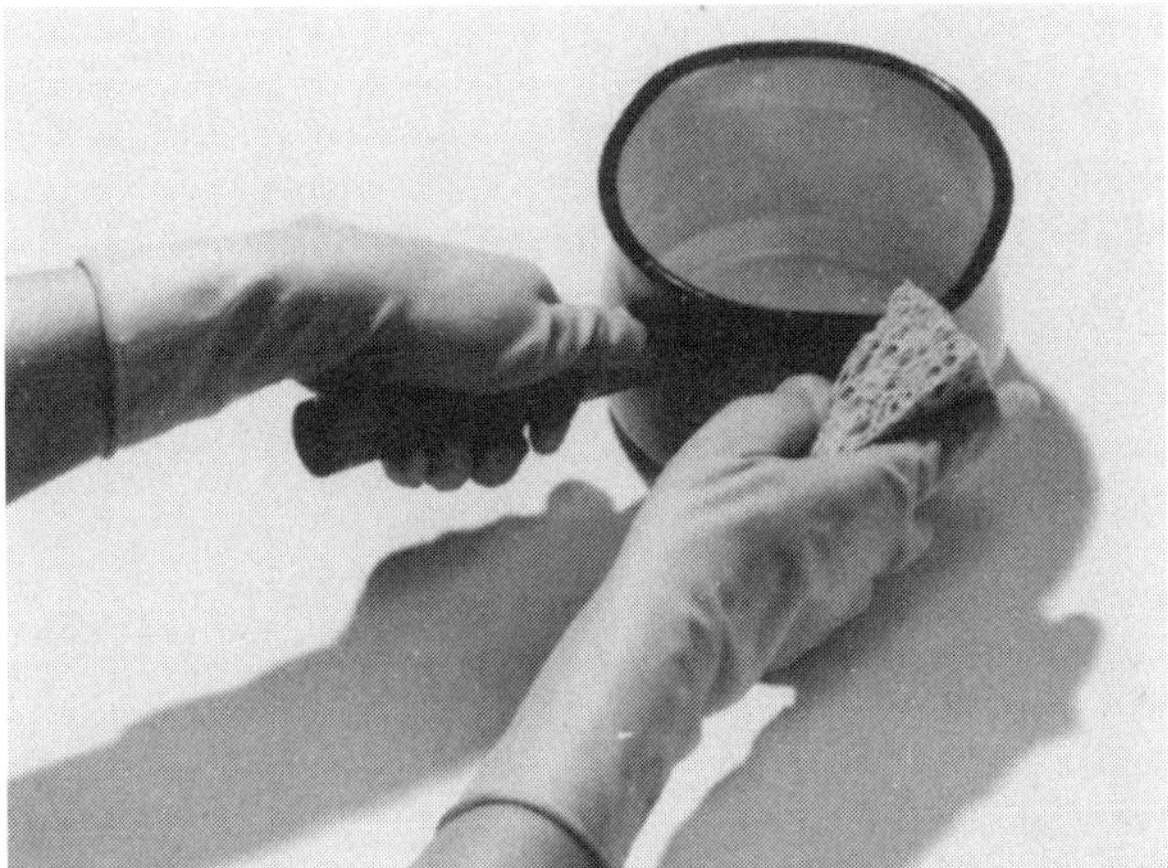

31
コンクリートハンガー

大きい家でも小さな部屋でも、生活をしているうちにビックリするほど壁面にハンガーが増えてくる。
　額をつるには「それ、ハンガー」、台所のふきん掛けにも「それ、ハンガー」で、買いおきがいつの間にかなくなっている。最近はコンクリートむき出しやタイルの壁面が増えたので、従来のヘナヘナ釘《くぎ》では歯が立たない。そんなときにバッチリと威力を発揮するのが、この「コンクリートハンガー」。

生まれはスウェーデンだが、小さな力持ちとして世界各国の人気ものになっている。
　とりつけは簡単で、女性でもトントコトンと打ちつけられる。
　お値段は、三個で５００円。大きな文房具店、画材店にあります。

32

三角コーナーいらず

「三角コーナーいらず」を使ってみて、これを発明した人の頭のよさにホトホト感服した。こういう人にこそ「勲章」をあげるべきである、とさえ思ったほどだった。私は三角コーナーを置かない主義なので、この簡単清潔な器具を台所の引き出しにしまえるところも気に入っている。ああ、便利、便利、便利。

え？　「いったいどこがどんな風に頭がよいのサ？」ですって？　私のような頭の悪い人間がクドクドと説明するより、とにかく使ってごらんになれば一目瞭然、おすすめ品でーす。

リングに袋一〇枚がついた「三角コーナーいらず」は、440円。袋のみは二八枚入りで、220円。渋谷の西武百貨店ロフト館、及び、東急ハンズ渋谷店で売っています。

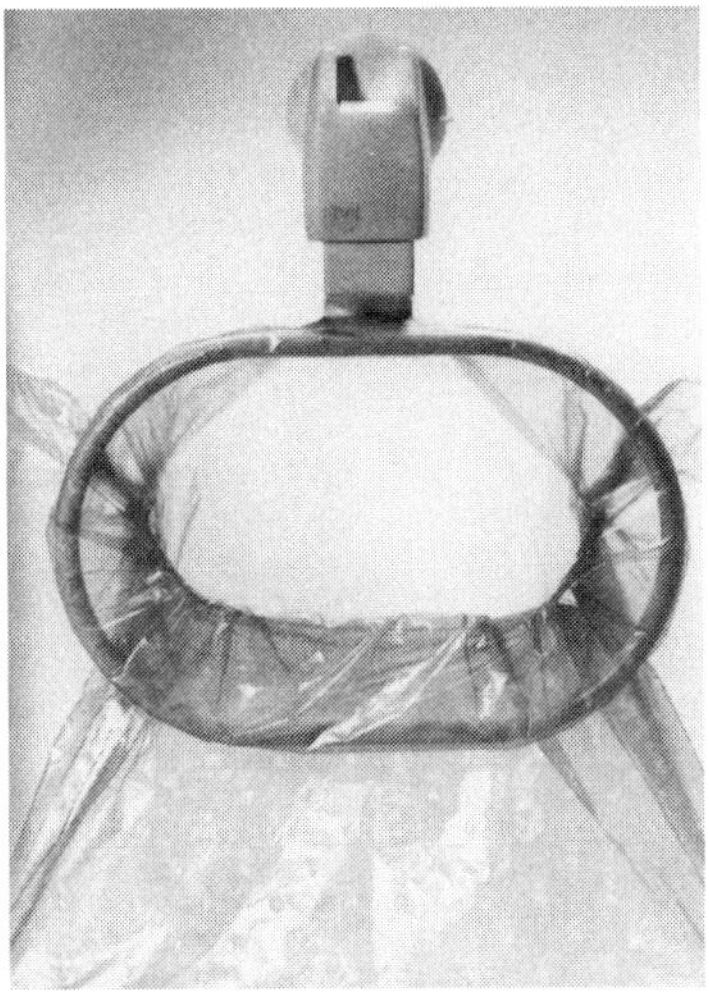

33

シミぬき　簡単に使える

シミぬき、というものは、得てして羊頭狗肉の代物が多い。

　私は以前、ダンナのネクタイのシミをぬこうと思って、フランス製のシミぬきを用いたところ、シミがぬけるどころか、かえって大きなシミになり、ネクタイ一本オジャンにした経験がある。以来、シミぬきを信用しないことにしている。けれど、メイド・イン・イングランドのこのシミぬきは、ある人にいわせれば、「衣類のシミはあっという間にキレーイに取れちゃう」のだそうで「取れないのはツラのシミくらい」なのだそうだから、ま、だまされたと思って一度おためしになってみたらいかがですか？　もし、シミがキレーイに取れたら私も使います。ナーンチャッテ。

　カプセル一〇個で250円。ソニープラザで売っています。

34

修正液

このところ雑文書きの仕事が増えて、原稿用紙に向かう日が多い。

生来の悪筆にイラつきながら、一字書いては破り、二字書いてはペケ、と、原稿用紙を無駄にする。以前は百枚400円だったのが現在は800円だから、ケチ女の私はますます書きそんじの原稿用紙が恨めしい。

そんなときの助っ人がこの修正液。昔から「インク消し」はあったけれど誤字を塗りつぶした上に字が書ける速乾の修正液のほうがぐんと使いやすく、私の愛用品である。

「LiQUiD PAPER」なるアメリカ製は、アメリカでは140円だが日本で買えば650円。日本製は500円。ボールペン風の極細のものもあって、これはこれで細い線を消すのに便利だけれど、私はやはり六センチの小瓶にブラシが入った修正液のファンである。

「修正液」なんて、どこの家にもあるわヨ、と言われそうだけど、ちょっとご紹介まで。ちょっと大きい文具店ならたいていあります。

35

ジューサー

世のなかで、ファンほど不思議でありがたい存在はない。過去五十余年の女優生活のなかでいろいろなファンに出会ったけれど、最近、「一日でも多く長生きをしてください。それが私たち夫婦の生きがいなのですから」と、無農薬、無添加、自然食品をせっせと送ってくださる夫婦《めおと》ファンがいる。化粧品から飲料水に至るまで、その品目を数えてみたら五十品目を越えたのでいささか仰天した。送り主はお金持ちらしいから破産することはないらしいけれど、たけのこには木の芽が添えられ、缶詰には缶切りがついてくる、という気の配りようである。太宰治の「カチカチ山」のたぬきのせりふではないけれど「惚れたが悪いか……」という必死の思いがこめられていて、まこと、冥利につきる。

このあいだ、段ボールにギッシリの、無農薬手作りのレモンが届いた、と思ったら、あとからジューサーが追いかけて来た。レモンは身体にいいからこのジューサーでドンドンしぼってドンドン飲め、ということらしい。

このジューサー、カッコはあまりよくないが、実に実用的で具合がいいので、ちょっとご紹介したくなった。

「ジューサー・イトウ」、価格5800円。有名デパートにあり。

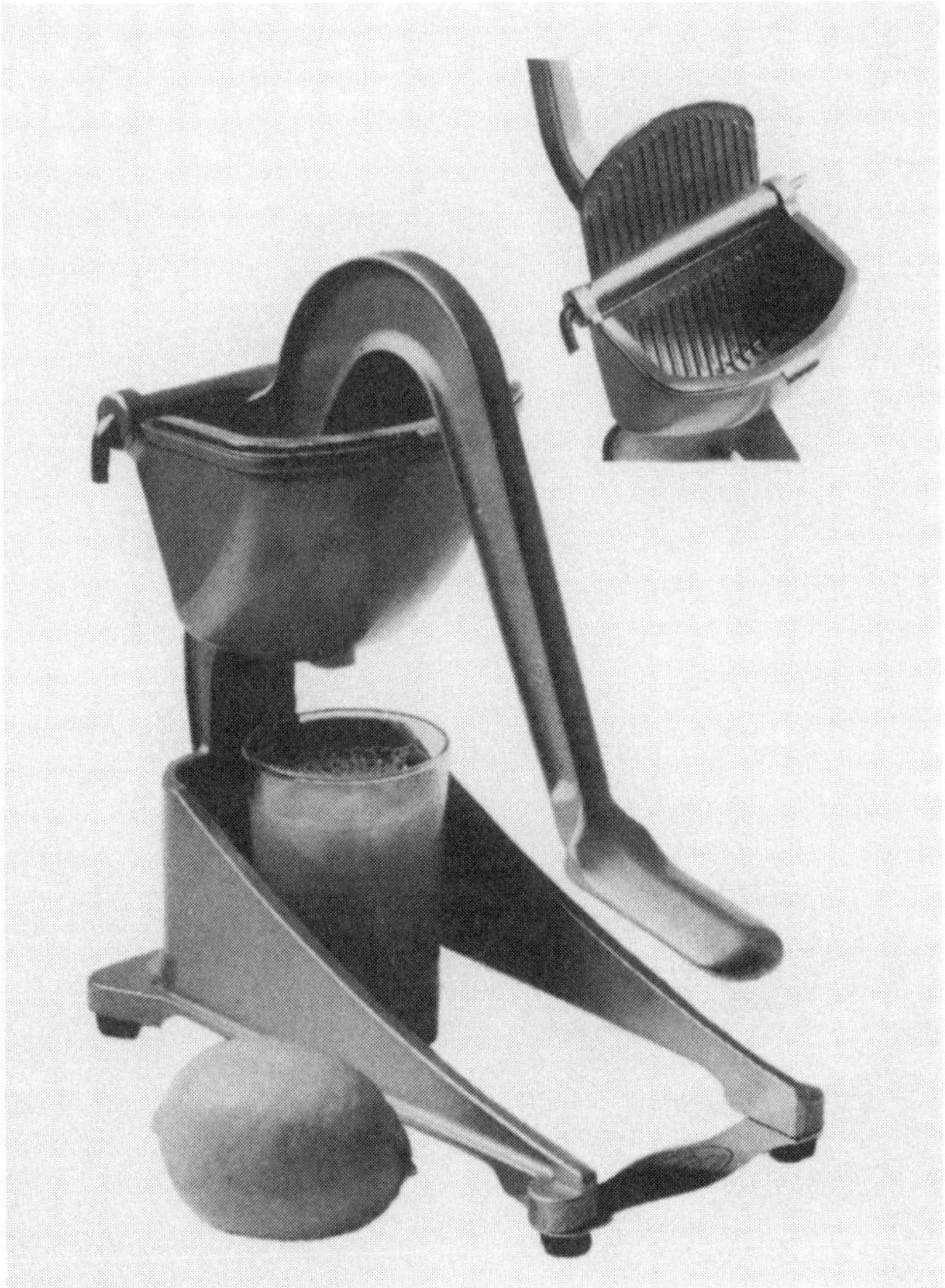

59　ジューサー

36
シューゼット

私は特別「おしゃれ」ではないけれど、靴だけは履きよい靴にこだわる。

型はパンプス一辺倒にきめているが、気に入った靴にめぐりあうと、同じものを三、四足は買わないと安心できないという因果な性分である。

わが家の靴箱は家の広さとはアンバランスに大きいが、靴はどんどん増え続けるばかり。私が死んだあとも多分新しい靴が何足も残るだろう。

そこで「いいもの見つけた」のが、クローゼットならぬ「シューゼット」というヘンな名前の、二階建て？　プラスチック製のこの一品。「全国発明婦人協会特別賞受賞商品！」と、いうだけあって、一〇足の靴が五足分に納まるという便利なもので、色は黄、ピンク、ブルーなどいろいろ。三セットで980円という値段も結構ですねぇ。東急ハンズにありまーす。

37

ショッピングヘルパー

スーパーマーケットなどで買い物をした帰り、意外と持ち重りがして、例のポリ袋のとっ手が指にくいこんで「痛いよゥ」という思いをしたことはありませんか？

「ショッピングヘルパー」と名づけられたこのものは、つまり、とっ手につけるまたとっ手というわけです。ちょいと見ると面白くもい、黒くもない代物ですが、使ってみるとなかなかよろしいのです、これが。

素材は肉厚の塩化ビニールで、色はいろいろ、キーホルダーつきのもあり、小型のおせんべいほどのサイズです。

店頭販売はまだなく、注文で、一個でも送ってくれるそうです。価格340円。㈲ナカノコマース。

38

ステープラー

文房具のなかでも書類とじ器はなくてはならぬ一品で、その名を「ホチキス」という。

あるとき、アメリカ旅行中に必要になり、あちこちの文房具店の店員さんに「ホチキス、ホチキス」と叫んでもいっこうに通じない。やっと現物を探しあてたら「あ、なんだ、ステープラーのことか」と言われた。

日本で「ホチキス」と呼ばれているのは、発明者の名前から来たんだそうです。

ま、それはともかくとして、最近、優秀な輸入品の文房具が目につく。このステープラーもその一つ。ボタンの操作で内側にも外側にもとじられるので便利。デザインもカッコいいし、いかにも「一生もの」というかんろくがある。だんな様のバースデープレゼントなどにいかがでしょう?

お値段、4800円。銀座の「文祥堂」で見つけました。

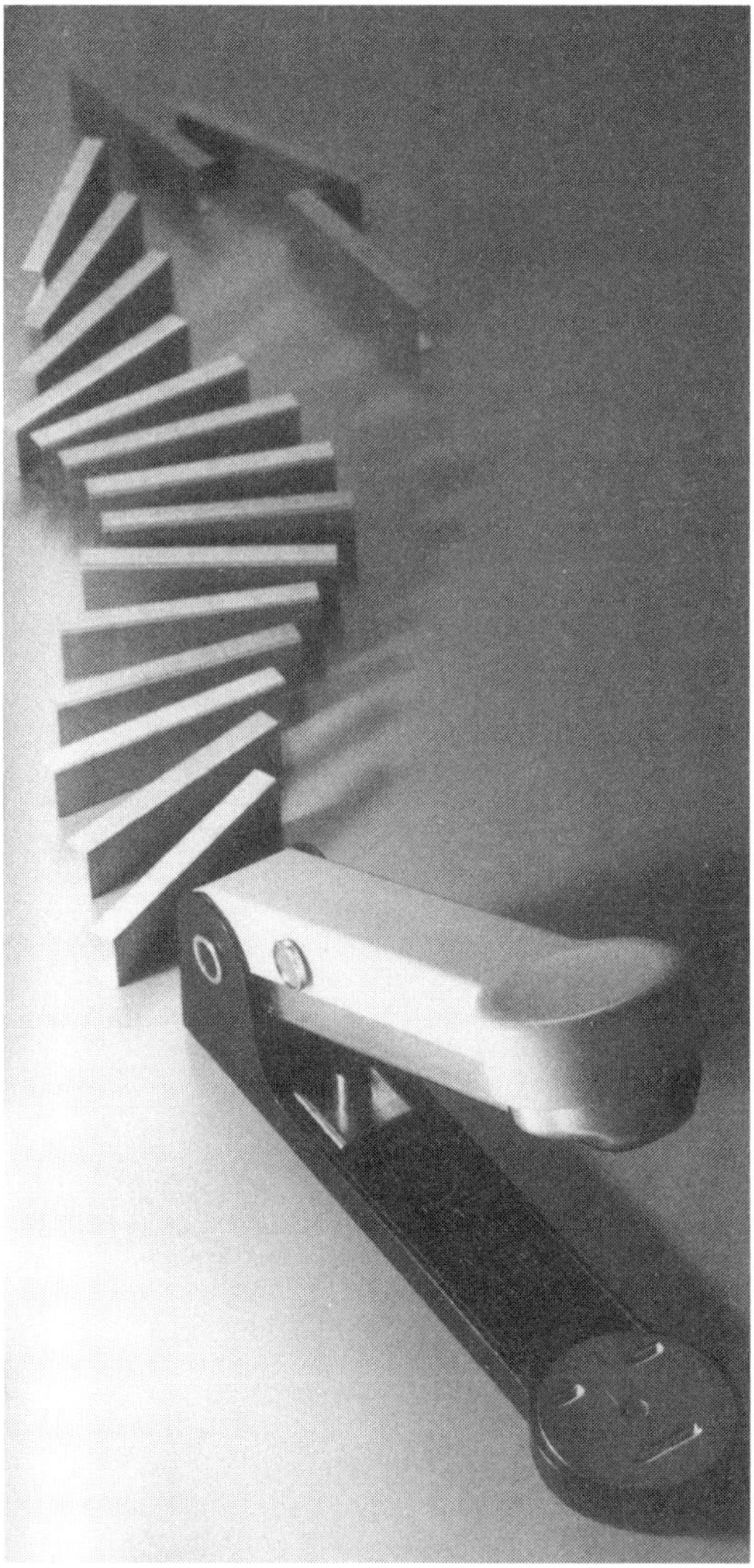

63　　ステープラー

39

砂時計

砂時計というものは、名前からしてロマンティックだし、台所のアクセサリーとしても私の好きなもののひとつである。

わが家では三分卵を作るときに用いるけれど、タイマーと違ってピンともチンともいわないから、うっかり他の用事をしているうちに卵がゴチゴチのゆでタマゴになったりする。だいいち、じっと眼をすえて砂の落ちるのを見張っているのはたとえ三分間といっても相当にじれったいもので、「なんとかならないかなァ」とあちこち物色していたら、写真のような砂時計の新顔に出くわした。砂のほうを上にすると、小さな穴から落ちる砂を受けた水車がクルクルとまわる、というところがミソ。水車がとまれば三分たったというしらせだからワリと見易い。

台所ばかりでなく、電話機のそばに置いて、長話、無駄話の防止なんかにも役に立つのではないかしら？

プラスチック製で、中の太陽は赤、ひまわりの花は黄色。高さ一〇センチ、幅三センチ。伊東屋などの文房具店にあり、お値段は850円なりです。

40

スプリング　ワイヤー　クリップ

このモノは単なる「クリップ」ではあるけれど、物干バサミ、紙バサミ、ハンガー、といろいろに利用できるクリップです。

ワイヤーの芯にビニールを巻きつけてあるので、さびず、色おちもせず、バネも結構強い。丈夫で長もちの点でも目下、私のお気に入りの一点です。

メイド・イン・フランスとあるのに日本製でちょっとふしぎですが、まあ、そんなことはどうでもよろし。色はカラフルで愛らしいから女性や子供さんへの手みやげにも格好じゃないかしら？　一〇個で280円ですもの、コーヒ一杯よりは楽しめます。

アメリカンファーマシーで売っています。

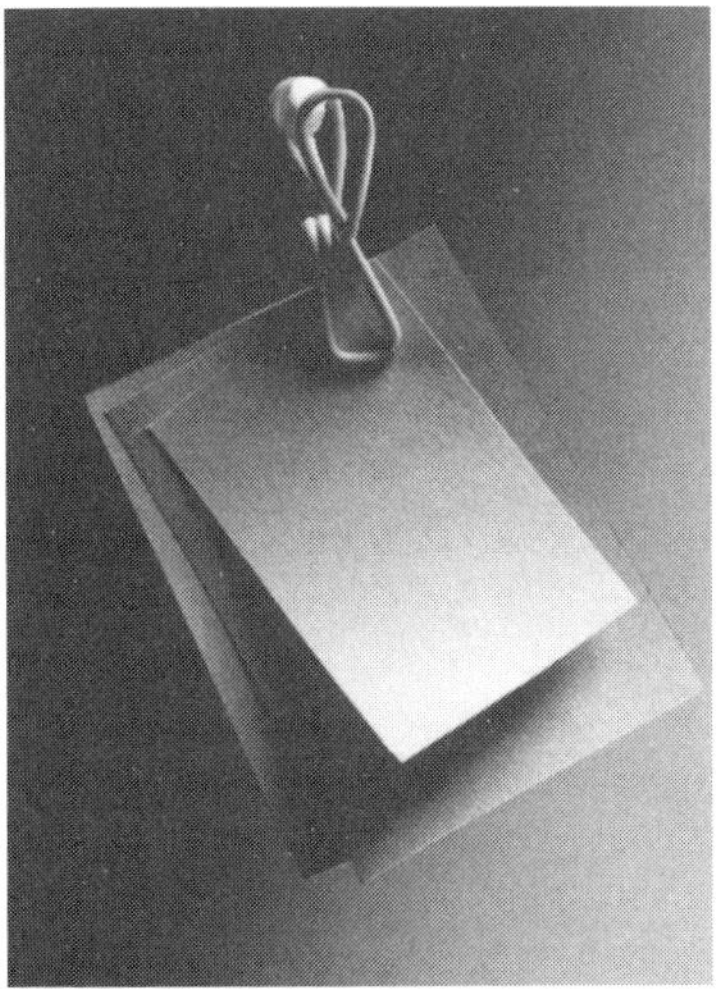

41
「スマートな日本人」

サトウサンペイ氏からこの本を贈られた私は、一気に読み終えて、左記のようなお礼状を書いた。「待ッテマシタ！　というより、遅かりし由良之助……という感じの本でした。日本人の全部にこの本を配りたい心境ですが、一億二千万冊も本を買うと、わが家は完全に破産します。残念デス」。『スマートな日本人』というタイトルは、日本人がスマートであるということではなく、いかにしてスマートな日本人になるか、という意味である。

「日本人はマナーに無知な野蛮人である」ということは、世界でも周知の事実で、マナーに弱い、という、たったそれだけのことで日本人はどれほどソンをしているかしれない。

この本は、海外マナーについて、ごく常識的な、例えば「バイキング料理の取りかた」から「チップの出しかた」などを懇切丁寧に、しかも楽しげに教えてくれる。私のような鬼ババアが書くとイヤ味になるようなことでも、人柄のいいサンペイ氏の独特の語り口とマンガで、サラリと読める楽しい本になっている。海外旅行者には必見の書だけれど、海外で悪いとされるマナーは日本においても悪いのだから、日本国でも大いに役立つこと間違いなし。「面白くてタメになる」という見本のような本である。

サトウサンペイ著「スマートな日本人」出版・日本交通公社。定価は１２００円です。

絵で見る 海外マナー
スマートな日本人
サトウサンペイ
WELL-MANNERED JAPANESE TOURISTS
SATO SANPEI'S OVERSEAS TRAVEL TIPS THROUGH PICTURES

67　「スマートな日本人」

42

石鹼置き

ちょっとキザですが、フランス語では「サボン」、日本語ではなぜか「シャボン」になっちゃった「石鹼」という代物の始末は、家族のみんなが一日中コキ使うものだけに、少々面倒なものです。使ったあと、水を切らずに放り出しておくとヌルヌルにとけてしまうので大変な無駄だし、そのヌルヌルがくっついた石鹼置きもついでに洗わないとキモチが悪い。たかが石鹼なんか、といっても無駄は無駄だし、キモチが悪いものはキモチが悪い。

この石鹼置きは、二十年も以前にアメリカでみつけて重宝したもの。あまり優雅な形とは言えず、実用一点張りだけれど、使用のはげしい台所などに置くには場所もとらないし、水きれもよく、絶対版というところ。英国製で材質も上等。私が死んだあとにもガンとして生き残りそうで、まさに一生ものです。色は、グリーン、白、黄色など。お値段は270円、コーヒー一杯のんだつもりなら安いモンでしょう?

ラバー・ソウプ・セイバーというお名前だそうです。

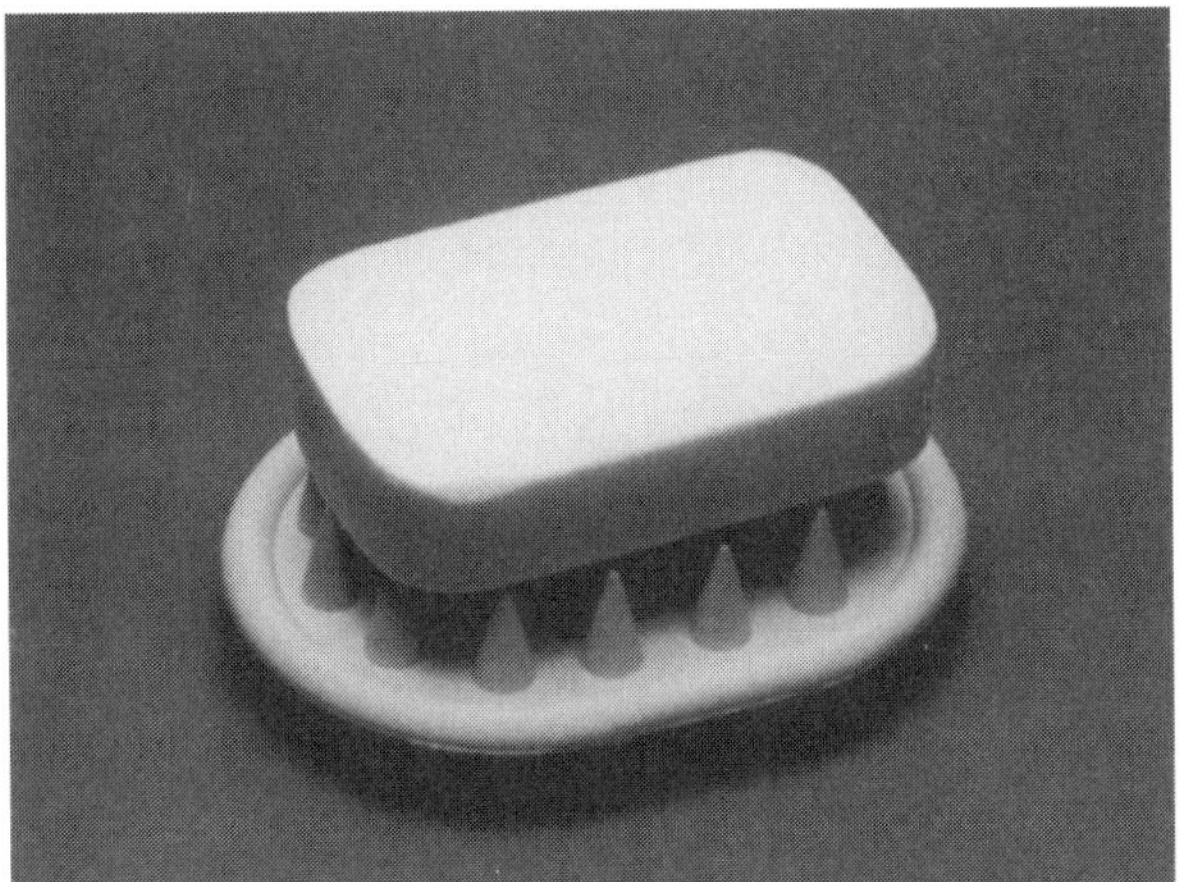

69　石鹸置き

43

石鹼置き、変じて、包丁置き

私は、調理台の包丁の置き場所が一定していないと料理の手はずがメロメロに狂ってしまう、というヘンな主婦である。

包丁は常時マナ板のななめ右上に置くのだが、考えてみると、私はいままでに、ずいぶんいろいろなものを「包丁置き」として使ってきた。ひらべったいガラスの灰皿、大きめのはし置き、毛筆置き……が、どれもイマイチだった。

つい先日、「渋谷西武デパート、ロフト館」をウロついていたとき、ふッと目に入ったのが、このスチール製の「石鹼置き」で、これを包丁置きに使ってみよう！と、うれしさのあまりに、なぜか4個も買いこんでしまったのだから、われながらどうにもならぬオッチョコチョイである。

わが家へ帰って早速、「石鹼置き」のバーのある側を左にして、包丁を寝かせたらピタリと納まって、まことにゴキゲンだった。

色は、白、赤、青など。お値段は200円とあって、これまたケッコウでした。

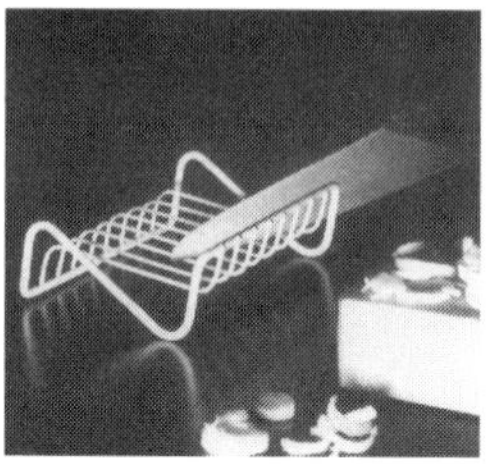

44

石鹸袋

私は、ほとんどビョーキなほどに清潔好きである。いや、清潔を通りこして「疳性《かん》」というべきか。

「疳」という字を忘れたので辞書をひいたら「疳。神経性の一種の小児病」とあったのでびっくりしたが、いろいろと思い当たるフシもあるので納得もした。そのひとつが入浴で、タオルでヌルヌルと身体を洗うくらいでは到底満足ができない。あれこれと試したあげく昔ながらのヘチマに落ちついたけれど、新品

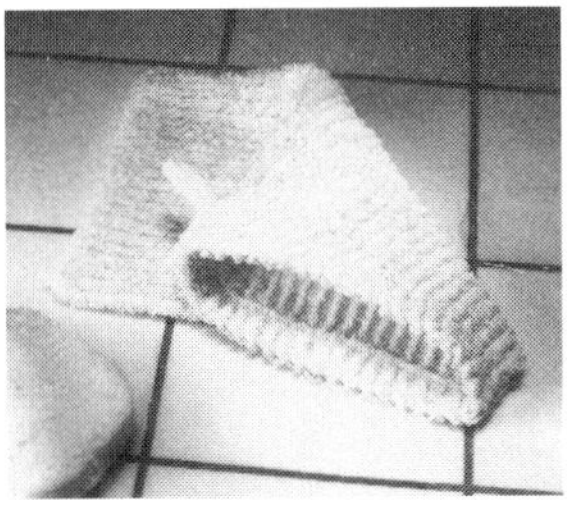

のヘチマは固すぎるので夫・ドッコイのお古を使っていた。

そこへ、新顔の「石鹸袋」なる一品が出現。袋に石鹸を入れてヌカ袋風に使うものらしいが、ボディーシャンプーをたらして手袋のようにはめて使ってみたら、なかなかに具合がよろしい。麻袋、綿麻混、などとあるが、木綿地でパイル部分がシルクのものが肌に優しく気に入っている。

お値段は600円。西武百貨店、「無印良品」のコーナーにあります。

45
セーフティ・ボイル

ちょっとよそ見をしているうちに、おなべの牛乳やそうめんがブワーッと吹きこぼれてガックリ、レンジの掃除にウンザリ、という経験はありませんか？

そんなときに、こよなく便利なのがこの一品。

「セーフティ・ボイル」なんて、味も素気もない名前だけれど、実力は満点です。牛乳などを温めるとき、なべの底に沈めておき、カタカタと音がしたら出来上がり、という寸法です。

フランス製はガラスですが、これはオーストラリア製でステンレス。

お値段、９８０円。

アメリカンファーマシーで見つけました。

46

セラミックスおろし

このおろし器を見たとき、「ああ、台所用品も時代と共に変わっていくのだなァ」と、つくづく思った。

おろし器は、羽子板型の銅製にめたてをしたもの（これは今でもすし店で使われている）、ステンレス製、受け皿のついたプラスチック製などと、材質やデザインのちがうものがたくさん出まわっている。が、おろし器はしょせんおろし器だから、どこまでいってても料理の下働きで、あまりカッコいいとはいえない。

そこへ、とびきりおしゃれなおろし器が出現した。真ん中のおろす部分が当今はやりの切れ味のいいセラミックで出来ていて、丸顔色白のステキな美人である。大根や山芋をおろしてみたら当たりがやわらかく、洗うときもアッケないほど簡単で、私のような怠け女房には手放せない一品になった。

ちょっとお値段が張りますが、一生ものなら安いものだと思いますよ。

西武百貨店でみつけました。

大きさは大、中、小の三種類、大２５００円、中１７００円、小１２００円。

47
セラミックピーラー

わが家のまかない婦である私は、包丁、おろし器、皮むきを使わない日はまず、ない。

この三種の神器の「新製品」をみつけたら最後、ただちに購入して試してみないと気がすまないから、小さな台所はちょっとした台所用品のショールームである。

最近は当たりの優しいセラミックのおろし器に出合ってウハウハ喜んだが、今度はセラミックの皮むきが出現して、台所はいよいよにぎやかになった。


この皮むき、ステンレスやはがねにくらべるとやはり当たりが柔らかく、白い刃と赤い柄が愛らしい。

でも、「カボチャやワサビの皮はお断りよ、優しく扱ってネ」だそうです。

お値段、1000円。デパートにあります。

48

卓上漬物器

わが家の亭主は好き嫌いがはげしい。とくに「漬けもの」と名のつく食品はいっさい受けつけない。なのに、新鮮野菜の即席漬け、つまり「塩もみ」だけは例外なのだそうで、食卓には一見おこうこ風の一品が並ぶことになっている。

「即席漬け」の道具は、どれもデザインがいまいちなので使ったことがなかったけれど、つい最近、近所の雑貨店で見つけた一品は、デザインは箱型でスマートだし、操作も簡単、

ちんまりと愛らしいところも気に入っている。プラスチック製。1200円でした。

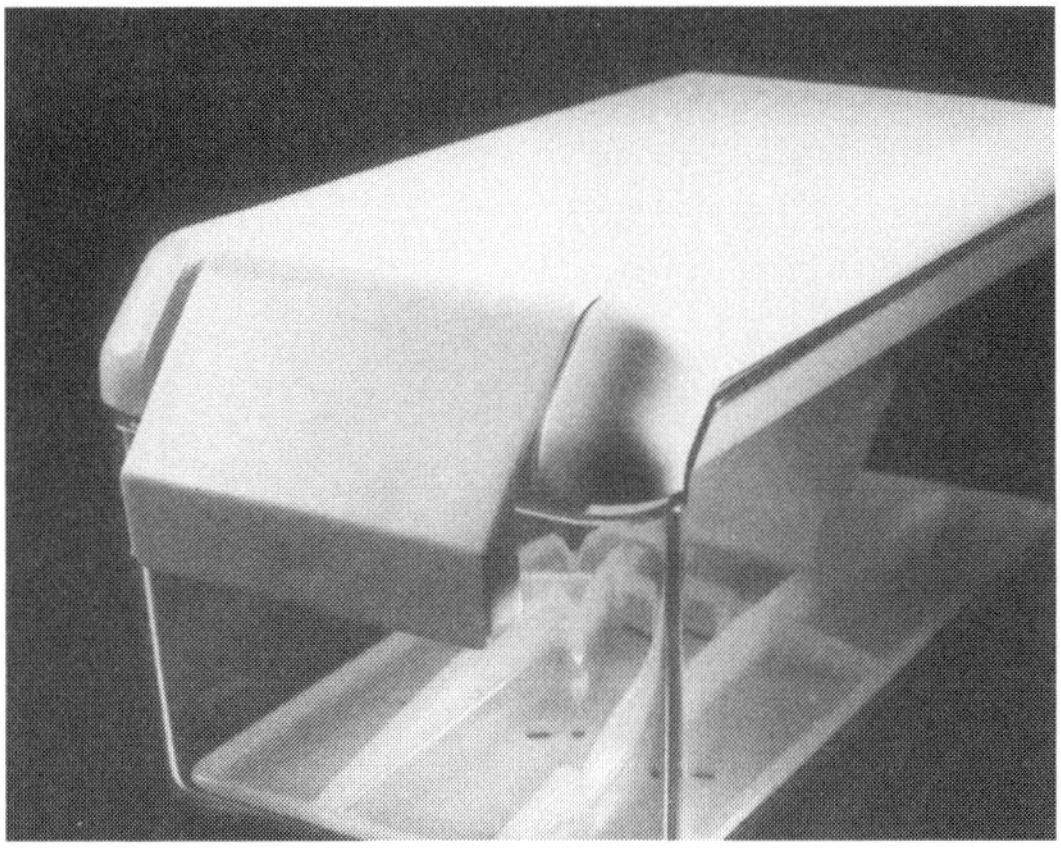

49 タワシ

生来の癇《かん》性がこうじて家中をノミとりまなこで睨《ね》め、すべての物品を把握しなければ気がすまない。気に入らぬ家庭用品はただちに追放し、これ！　と見込んだものがあれば、電車であろうが飛行機であろうが（まさか）、遠路も厭《いと》わず求めに出向く。たとえタワシ一個であろうと、チイともかまわない。

こうなったらビョーキもかなり重度で、遠からず、なだいなだ先生のお世話になるだろうと自認している。

写真のタワシは私の愛用品で、きちんと束ねたシュロを銅線でキリリと巻いたところがなんとも小イキ。七センチのチビでお値段「９００円」はちと高いけれど、サンショは小粒でもピリッと辛い、という風情を皆さんにおめにかけたくて、京都へ出張する夫・ドッコイに頼みこんで買ってきてもらった次第です。

京都、河原町六角下ル、民芸店「かつらぎ」にあります。

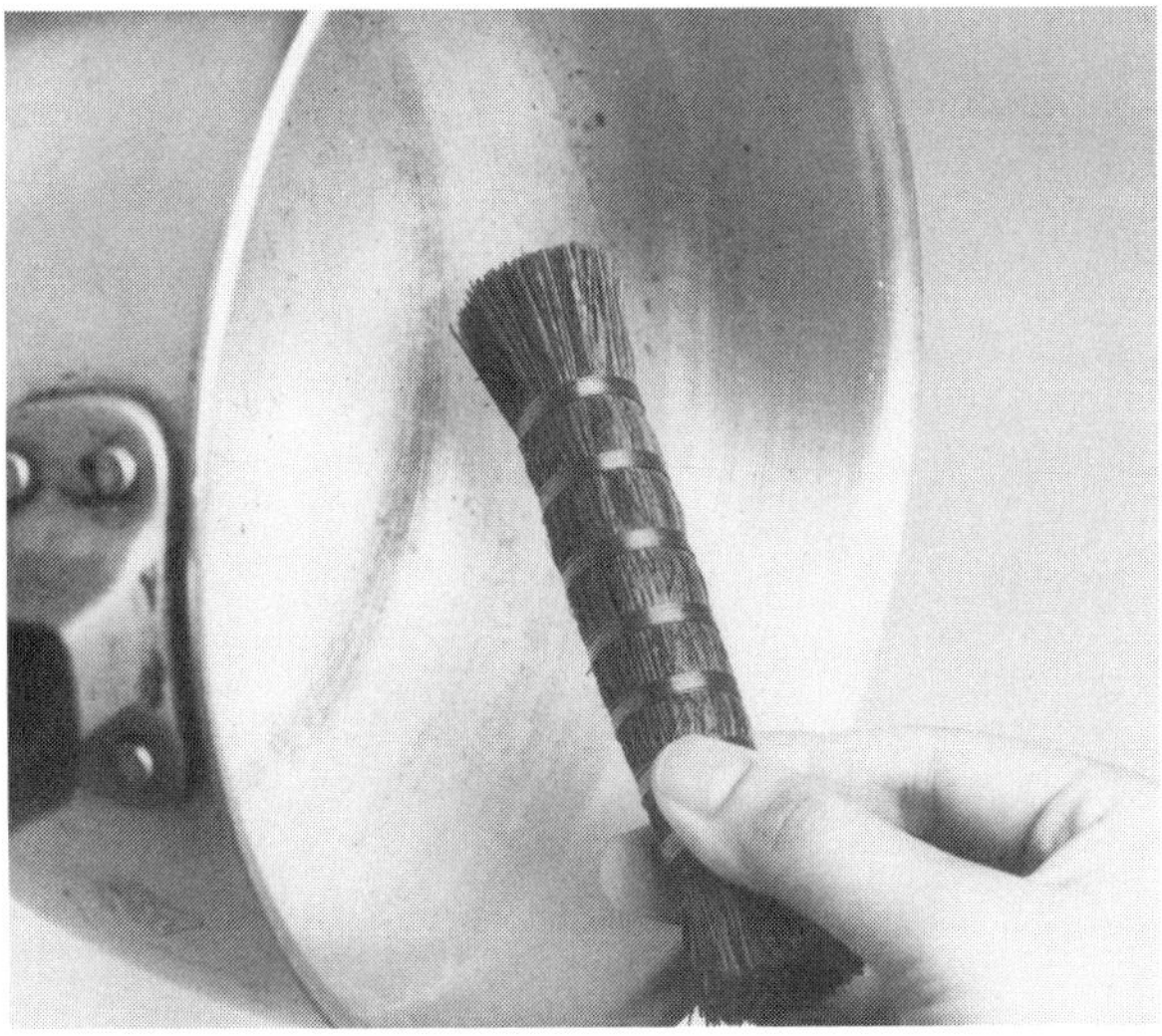

77　タワシ

50

小さなバケツ

画材用具の売場をブラブラしていたら、こんな可愛いビニール製の筆洗をみつけた。

野山のスケッチ旅行のときに絵具筆を洗うための、小川や谷川の清水を入れるバケツ……と思ったら、なんとなく楽しくなって買ってしまった。直径一七センチ、円筒型なので、いろいろな役に立つ。例えば、海浜用のハンドバッグの代用にしてもおもしろいし、氷をザクザク入れて飲みものを冷やしてもいい。子供の玩具入れにも、編みかけの毛糸玉を入れても、病人の枕もとの小物入れにも、と考えれば考えるほど用途が広がる。汚なくなったら押入れの隅にブラ下げて、ガムテープや小包みの紐など放り込んでおいても便利だろうな、と思っている。

使わないときはペシャンコになって場所をとらないところが、このバケツの身上。デパートの文房具売場、画材用具店などで売っています。ふちと底の色は、赤、黒、黄、など。お値段は、外国煙草一個と同じくらいです。

79　小さなバケツ

51
チビッコ歯ブラシ

　ハンドバッグに入れて持ち歩けるような歯ブラシがないかな、とウロキョロしていたら、ドラッグストアの歯ブラシコーナーに、百円ライターぐらいの小さな、こんな歯ブラシがありました。

　チビながら、ドイツ生まれで、品質もよく丈夫そうで、毛の植え方に工夫があります。ブラシの根元をケースに差し込むと、普通の歯ブラシの長さになり、ケースにはちゃんと通風孔？　もあって、なかなか親切にできています。

　長さ九センチ、幅は二センチ足らず。色はオレンジ、イエロー、ブルーなど。

　お値段は350円でありました。

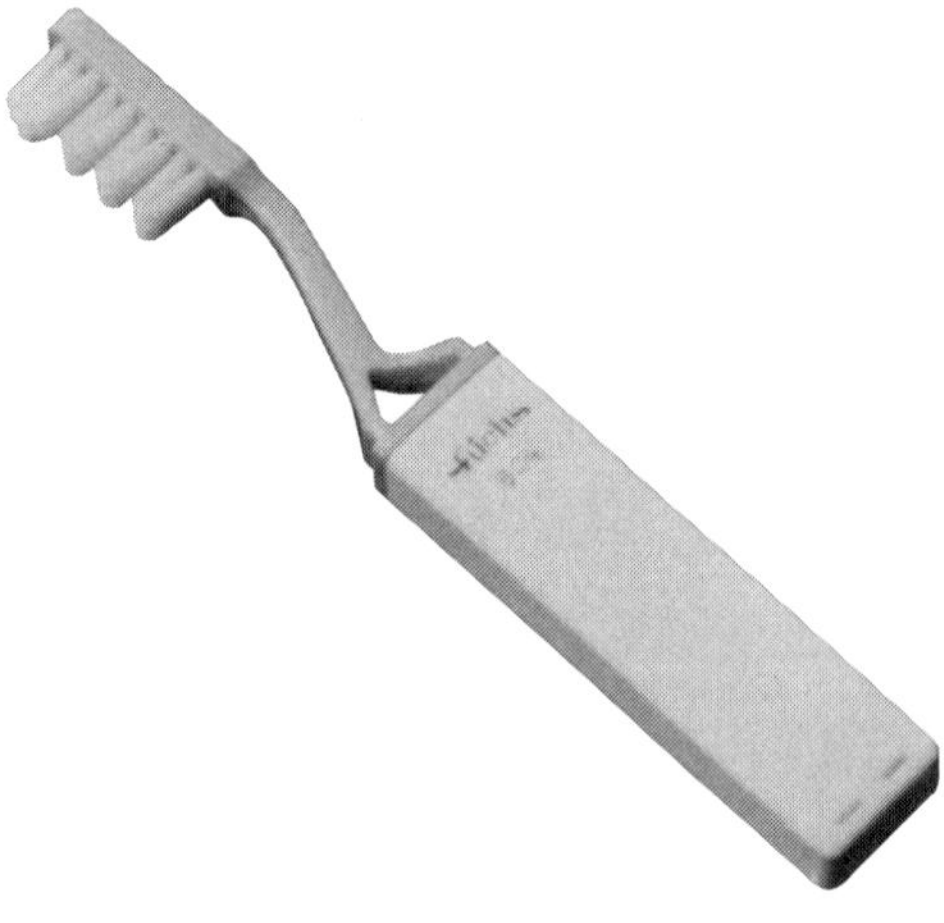

52

ディスタンスマップ

日本国中、どこへ行っても車が多い。乱暴ダンプや暴走バイクはちょっと困るが、家族連れが地図を頼りにマイカーでドライブを楽しんでいるのは、とてもほほえましい。

書店には、立派な?地図や、道路マップが売られているが、なぜかスウェーデンで作られたという、この「ディスタンスマップ」は、手軽でなかなかよくできている。

二二センチ×一五センチのマップで、各都市の地名に丸い穴があいていて、左下の隅にある窓に出発点の地名をのぞかせると、丸い穴に出発点からの最短キロ距離が表われる、という寸法になっている。

480円。銀座の伊東屋にあります。

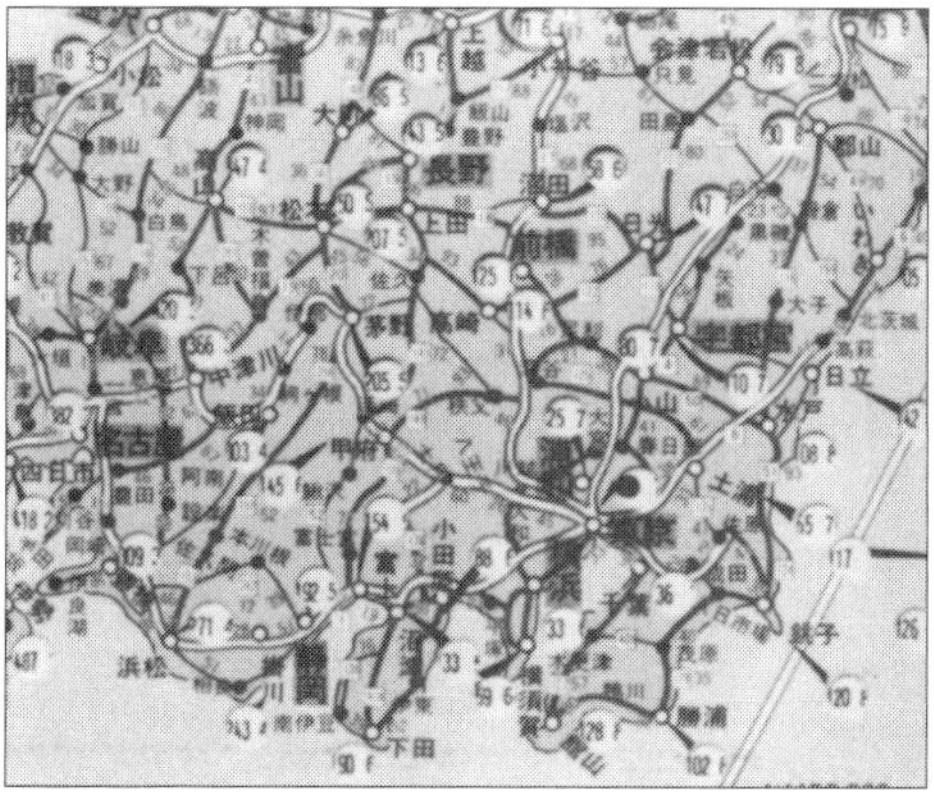

53

ティッシュＢＯＸ

おトシのせいか癇性《かん》なのか知らないけれど、私は身の回りにドギつい色彩があると落ちつかない。

スーパーマーケットの家庭用品の売り場を見ても下品な極彩色の氾濫だから、洗剤やクレンザーを買ってきてもただちに透明なプラスチックの容器に入れかえて、箱はポイ！してしまう。なにより気になっていたのは、食卓の上に常時置いてあるティッシュペーパーの箱である。箱から出してしまえばペーパーはむき出しになるし、箱にレースヒラヒラの着物を着せる趣味は、私にはない。

日本橋高島屋のバスルーム用品売り場で、ヒョイとこのスッキリとしたティッシュペーパーＢＯＸをみつけたときは、ホントにうれしくて、四個も買いこんでしまった。

透明、厚手のアクリル製で、ティッシュをつまみ出すと、蓋《ふた》が自然に沈みこむ様子がなんともエレガントで気に入っている。

お値段の５０００円は、高くありませんぜよ。

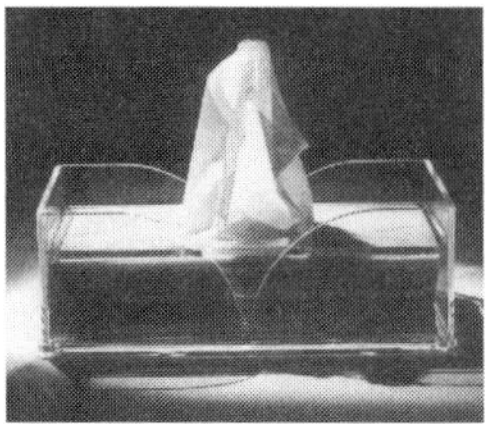

54

テフロンシート

台所仕事で一番厄介なのは後片づけである。とくに、焦げついたなべやフライパンをゴシゴシガリガリと洗ったり磨いたりするのは重労働で、どんな美人でも眉根《まゆね》にシワが寄り、口はへの字にヒン曲がってくる。

テフロン加工のなべやフライパンの出現で、スチールタワシやクレンザーのお世話になることも少なくなって、やれ助かった！　と喜んでいるところへ、またまた「テフロンシート」ちゅう便利なものがお目見得した。

ペラリと薄い布のようなもので、オーブントースターや電子レンジのテンパンに敷くだけで、焼き魚や肉が焦げつかない。クッキーを焼くときもテンパンにバターを塗る必要もなくきれいにはがれる。

大きいサイズのシートをハサミで適当に切って使うことも出来るし、シートの汚れはお湯で洗えば何回でも使用できます。

ああ、便利はいいなァ。

スーパーマーケットやデパートにあります。お値段、二枚入り１０８０円。

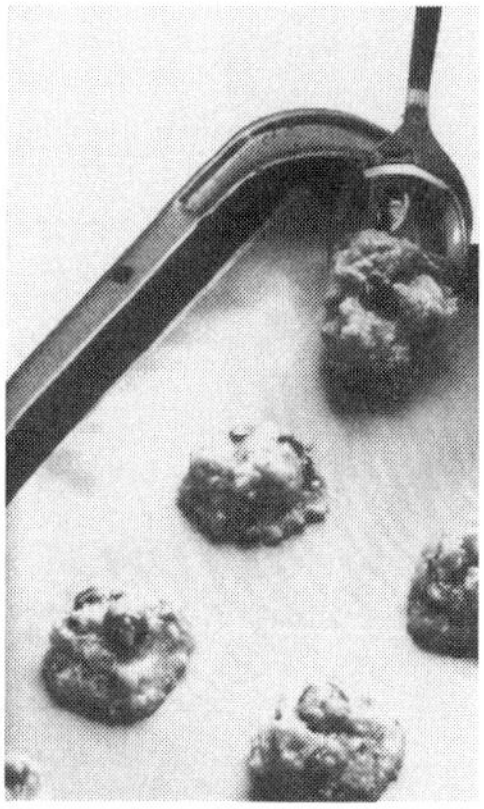

55

電子レンジ用ポット

ミルクを入れたおなべを火にかけて、チョイと目を離したスキにウワーッと吹きこぼれちゃった、という経験はありませんか?

電子レンジ専用のミルクわかしはないものか…とキョロキョロしていたら、こんな愛らしいポットがみつかりました。

ミルクのみならず、お酒のお燗や、だし汁のあたためなおしにも便利で、冷蔵庫とレンジの間を行ったり来たり、つまり手ヌキが出来まして、大いに愛用しています。


容量は500cc。パイレックス製。お値段は1500円。銀座の松屋デパートで買いました。

56
ドア ストッパー

ドアをちょっと開けっ放しておきたい、と思っているのに、バッターン！ と閉まっちまってゲンナリ、というご経験はありませんか？ そういうときの音はひどく大きくて、思わず飛びあがってしまうものです。

風を通したいとき、荷物を何回か運ぶとき、掃除のとき、など、ドアを開け放しておきたい場合がワリと多いもので、そのたびにバッターン！ 飛びあがりではやりきれません。

ドアを開けておいてくれるお手伝いサンは、「ドア ストッパー」なるこの三角サン。

固いゴム製なので、ドアにも床にも傷がつかず、重たい鉄のドアでもＯＫ。

長さ一五センチ。幅二センチ。高さ三センチ。そしてお値段は６００円。デパートの家庭用品売場にあります。

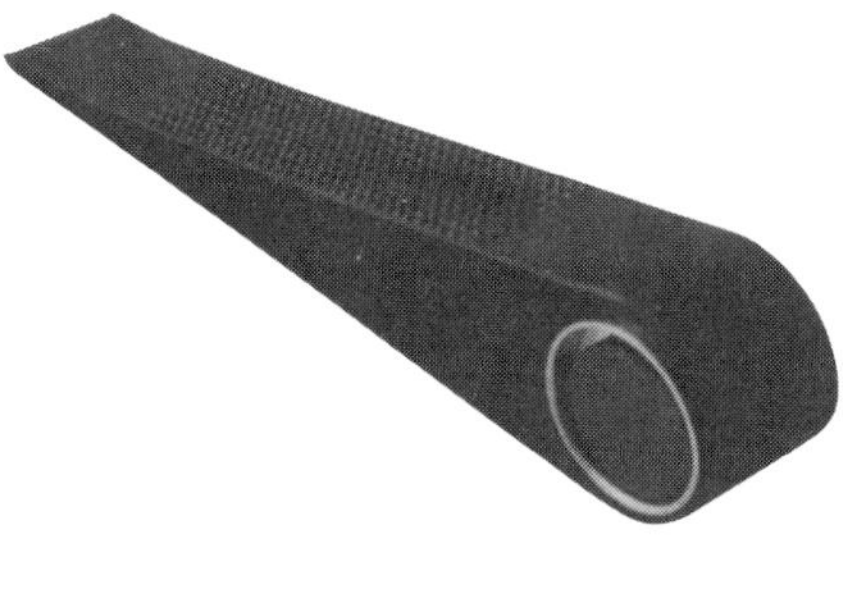

57
豆腐さし

なんとなくギョッとなるスタイルの、この三本足の怪物は、湯豆腐や冷やヤッコを突き刺して、お取り皿に運搬する「豆腐さし」であります。

わが家は、豆腐だけは一年中欠かしたことがない、というほどの豆腐好きですが、ホント、銀製の穴あきスプーンとか、銀線で編んだ一見シャレた豆腐すくいは、実際に使ってみると、水切れが悪かったり、さびたりで、もうひとつ「気に入らないわネ」と思っていたところ、この竹製の三本足を使ってみたら、意外と具合がよろしくてビックラしました。

豆腐をすくう、というお役目の他に、生卵をチャチャッとかきほぐしたり、ローストチキンの皮に穴をあけたりするにもなかなか便利。コーヒー一杯倹約すれば、台所にちょいと愉快な仲間が増えて、なにかと楽しめる、という寸法です。

87　豆腐さし

58

トング 木の

オーブンから、アツアツの食器を取り出す「トング」という便利な道具がある。

わが家の台所にもあるけれど、味もソッケもないスタイルの上に金属製なのですべりやすく、私には使いこなせない。

鍋つかみやらぬれふきんなどを動員して、アチチ、アチチと叫びながら格闘している自分のぶきっちょをタナに上げて、「なにか、いいものないかしら?」と探しまわっていたら、ありました、ありました。太めのはしが二本くっついたような素朴なトングで、場所をとらないところも気に入ったし、素材が白木で手ざわりがいいところも気に入りました。

オーブントースターで焼いたトーストは、意外と熱くて、今まではいちいち割りばしでつまみ出していたけれど、これで台所の小さなイライラも一件落着というところです。

フランス製。お値段は270円。キッチンハウスでみつけました。

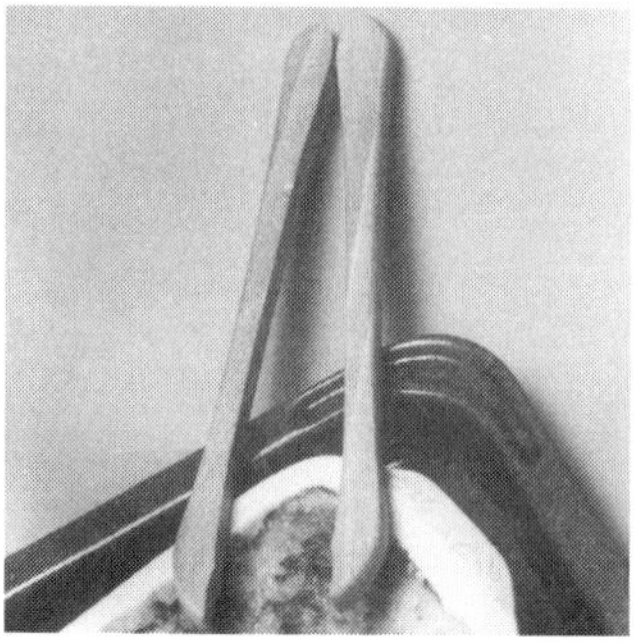

59

長い刷毛《はけ》

会って話すとあまりピンとはこないけれど、手紙だけはめっぽうナウくて面白い、という私のオールドファン（45歳、男性）が、ヒョイとこんな珍品を送ってくれました。徳利の中を洗うハケだそうです。

久しぶりに日本酒のお燗《かん》をつけるとき、いつも「徳利の底にホコリがたまっていないかしら？」と不安だった私は、早速わが家の徳利を総動員して洗い狂いました。

長さ二五センチ、しっかりとした出来で、毛の固さも適当で、洗い心地？　もなかなかで「おヌシ、やるなァ」という感じです。が、「デパートのエレベーターの前でオジサンが売ってた。４００円デシタ」というだけで、これじゃ皆さんにご紹介のしようがありません。いっそのこと、西友の「主婦の目」で製造してもらおうか？　と考えていますがいかがでしょう。

ガラスの一輪ざしや、ほ乳瓶を洗うのにも調法しそうですよ。

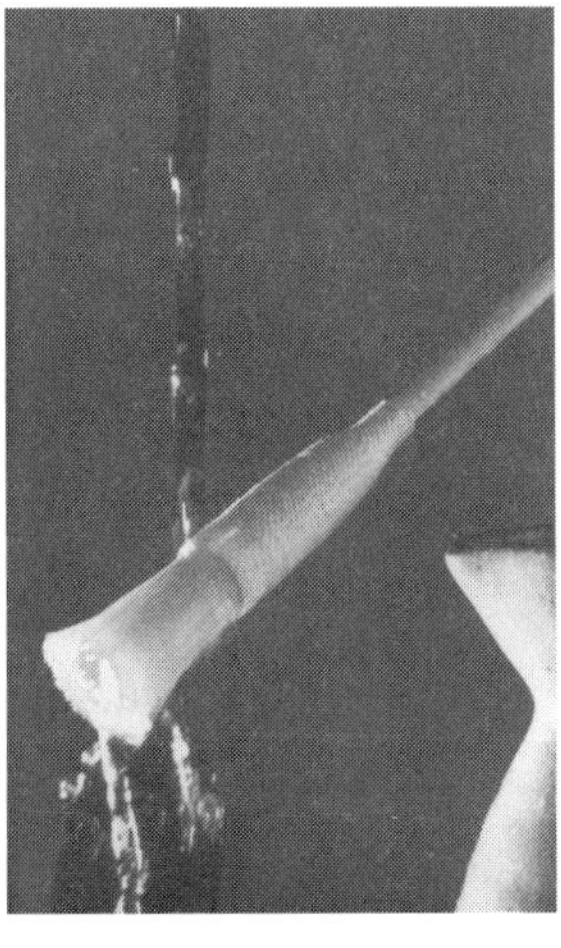

60

ぬれナプキン

一ヵ月ほど、アフガニスタン、パキスタンの砂漠を旅行した。同行九人、女は私ひとりだった。出発前に、団長の井上靖先生から「水が不自由だし、山あり谷ありの辛い旅行ですよ」と言われた私は縮みあがり、デパートへ駆けつけて、各種の薬をはじめ、インスタント・コーヒー、クッキー、焼のり、梅コブ茶、塩、空気枕からカイロ、そして懐中電灯まで、たくさんの必要品を買いこんだ。そして旅行中どこへ行くにも移動マーケットの如くそれらをつめ込んだズタ袋を持ち歩いたが、とにかく何よりも便利だったのは、一枚ずつパックされた「ぬれナプキン」なる紙おしぼりだった。手や顔を拭く、食器をぬぐう、砂だらけのテーブルや椅子を拭く、と、まったく便利をした。

アメリカ製にも「ウェットタオル」という類似品があるけれど、日本製のほうが大判で、しめり気もよいかげんで優れていると思う。私は以前からバッグや化粧カバンに入れていたが、今度の旅行では実に威力を発揮して男性たちにも喜んでもらった。

あるママちゃんからは、「赤ちゃんのお尻の消毒に便利ですよ」と聞いたし、じの気のある男性からも「ぬれナプキン、絶対です。外出にも持ち歩いてます」と聞いた。一度おためしになったら如何でしょう？

一箱・一五枚入り、３５０円。薬屋さんに

あります。

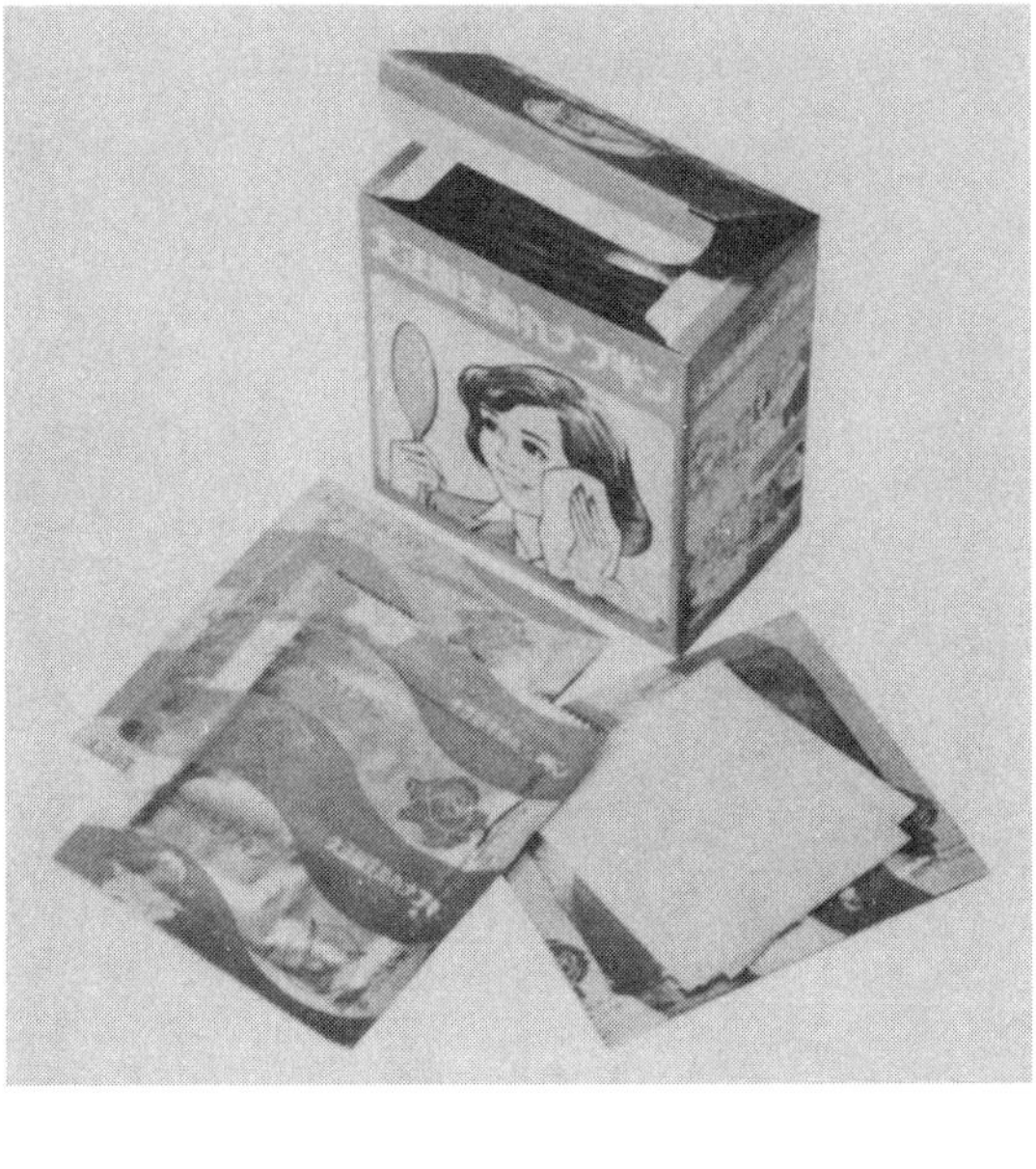

61

ノリつきメモ用紙

おトシと共に、メモ魔癖が高じてきたらしく、家中にメモ用紙と鉛筆が氾濫している。

あれやこれやとメモって、たしかに机の上に置いたメモが風に飛ばされて消え失せて、大さわぎになることもある。だから、アメリカはワシントンの文房具屋でヒョイとこのメモ用紙に出合ったときは、大げさでなく飛び上がって喜んだ。百枚綴りになっていて、一枚はがすと上部にノリがついていて、どこへでもペタリとひっつく仕掛けになっている。不要になってひっぺはがしたあとがベトつかない、というところがもうひとつ気に入った。

御存知アメリカは、日夜パーティーの盛んなお国柄である。大きなパーティーのときにはこのカードに自分の名前を書き、胸のあたりにペタリと貼って出席する、ということで、いかにもアメリカらしいアイディアで面白かった。

色はレモンイエロー一色で、三インチ×三インチ。三インチ×五インチ。$1\frac{1}{2}$（1・5）インチ×二インチの三種がある。私はいちばんチビスケを専ら冷凍食品の日付け用に愛用して便利している。コーヒー一杯ほどのお値段だから、そう高い買いものではない。

（同商品は文房具店にあります。２５０円・３５０円。編集部調べ）

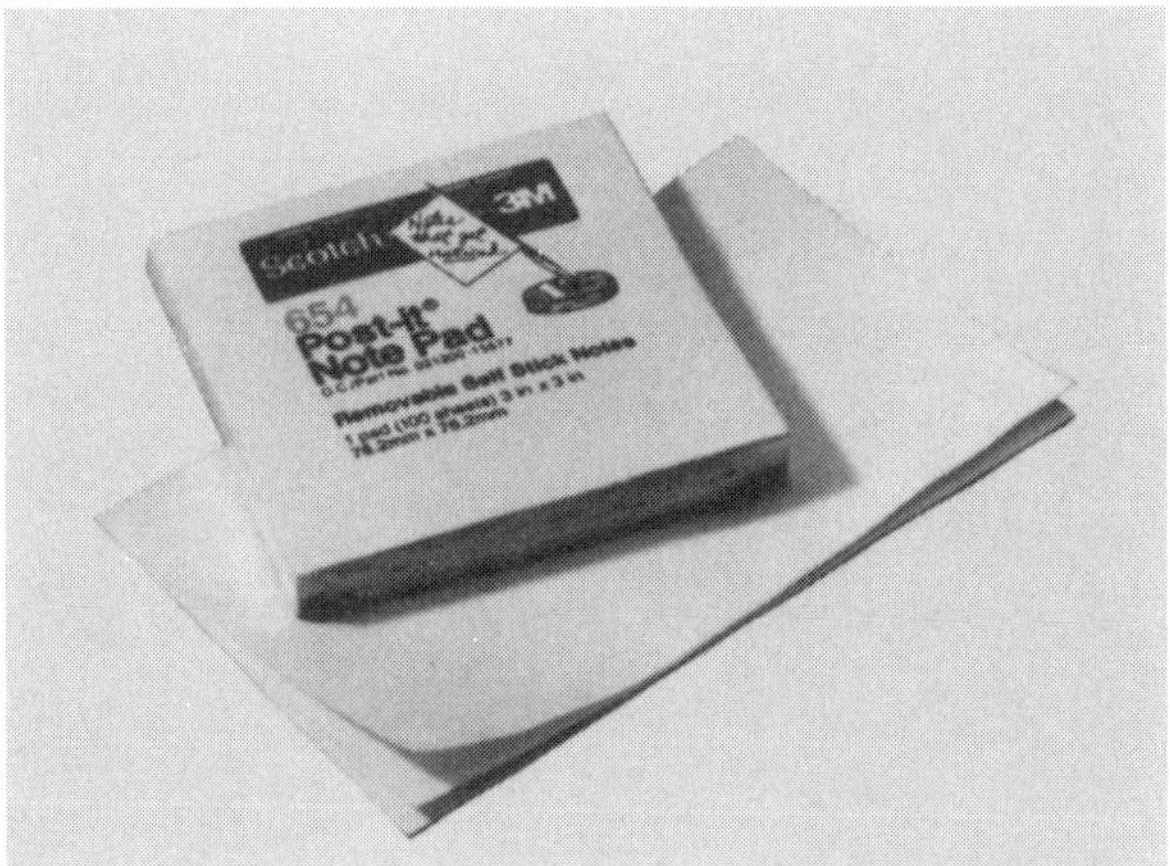

93　ノリつきメモ用紙

62

ハイテク眼鏡ふき

手ざわりのよい紙のようで、布のようで、性能バツグンの眼鏡ふきが市販されている。

素材は木綿糸の百分の一、世界最細の糸で織ったという「トレシー」なるハイテク製品だそうな。私が行きつけの眼鏡屋さんでも同じものをサービスにくださるが、30センチ角の大判なので眼鏡入れには入らなかった。

市販されている「トレシー　レンズクリーナー」には、一九センチ角も。このサイズの無地が500円、柄もの600円と、少々高価だけれど、洗濯可能だし、ハンケチタイプでなかなか楽しく、おしゃれな眼鏡女性に人気の出そうな新製品である。

なお、三〇センチ角の無地は800円、柄もの1200円。

『メビウス1974』

（堂場瞬一／河出書房新社刊）

担当編集者Sより

大ベストセラー作家・堂場さんの口癖は、「文藝だなんて言われなくていい」「最後の流行作家になりたい」……いつもは小説を読まない方も、これを機に是非、小説を読むおもしろさを体験してください！ 堂場さんは、不世出の流行作家です。

堂場さんと私は、お互いが新人だった頃に出あいました。しかし何故か長い間お仕事で関わることの無いまま、15年が経過。不思議な運命に導かれるようにして再会。初めてご一緒させていただいた小説が「メビウス1974」です。15年ぶりにお会いした堂場さんの第一声は「やっと会えたね！」……この一言が、この小説を生んだように思えてなりません。お願いです。「メビウス1974」をお読みください。そして誰かと再会し「やっと会えたね！」と言ってみてください。きっとかけがえのない新しい物語が始まり、人生で繰り返される出あいと別れ、すべてが心から愛しくなるはずです。

詳しくは裏に

63

はさみ

私はハサミ大好き人間で、大小のハサミが家中にゴロゴロしている。キッチンハサミも大好きで、ヘンケル製。西武デパート「主婦の目」コーナーのキッチンハサミ。花鋏《ばさみ》。カニの足切りハサミ。ビニールテープ用のフッソ加工のハサミなどが台所のひき出しの中にズラリと並んでいる。

そこへまたまた新顔が登場した。体長（?）一三センチと小柄で軽く、刃先は細くキャシャだけど、切れ味はバツグン。わずかにそり返った形が使いやすく、干物の頭や鴨《かも》のスジ切りなどには最高である。

このハサミ、実はブドウの摘みとり用に作られたのだそうだが、「万能ばさみ」としておすすめ品である。

塩山市、港屋金物店にあります。おねだんは980円です。

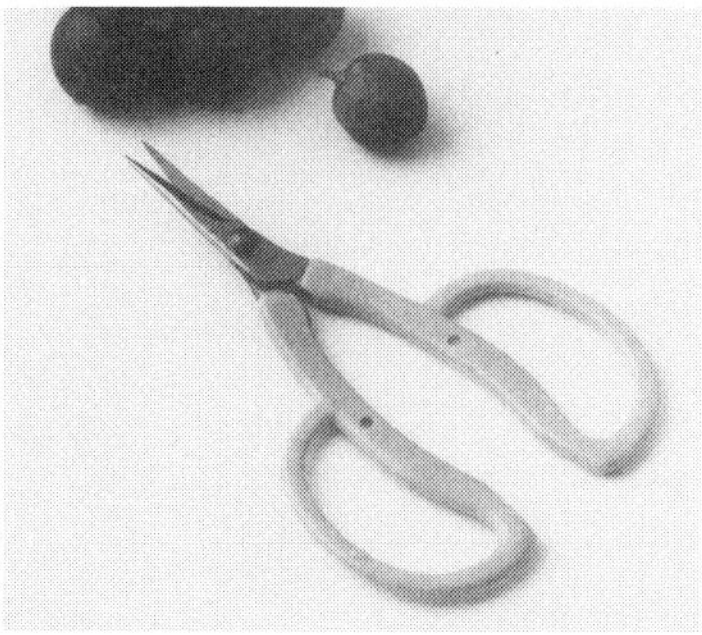

64

ハンガー

私の鏡台の前には、幅一メートル、奥ゆき八〇センチの厚いガラスがはめこんである。

たまにはガラスの下を掃除したいと思っても、この重いガラスをどうやって持ち上げるか、が問題である。そこで、デパート、雑貨屋、ガラス店まで飛びあるいて、昔からあったゴムの丸い吸盤を探しまわったけれど、どこで聞いても「いまはもう、そういうモノはございませんねぇ」だそうである。

ところが、ついこの間、ついに待望の吸盤にめぐり会った。アメリカ生れの、直径四センチほどのプラスチック製吸盤型のハンガーで、このハンガーをガラスにペタリと押しつけ、フックに指をひっかけてエイ！と持ち上げる。ゴムの吸盤より吸いつきがよいのでかなりの重さに耐えられる。

お値段は一個２００円。アメリカンファーマシーにありました。

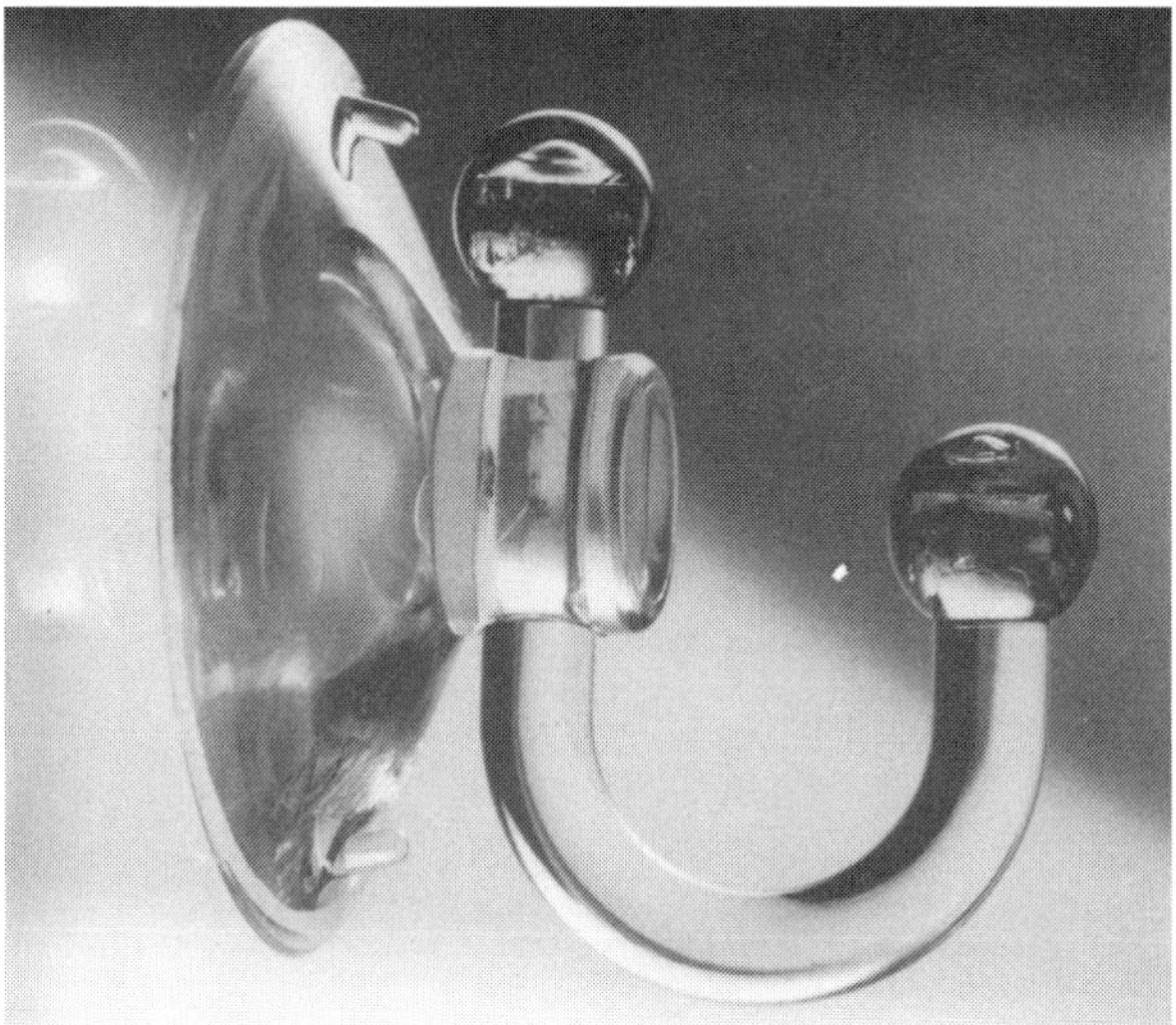

97　ハンガー

65
ハンコ・カード

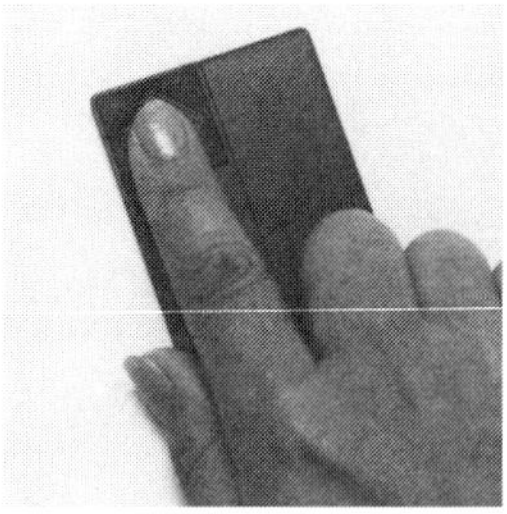

外国では、当人のサインさえあればたいていの用件はこと足りるというのに、日本国ではいまだにサインとハンコの両方というややこしさ。「合理的じゃないねぇ」とボヤきたくなるが、やはりハンコを持っていないと困る場合が多い。

最近、写真のようなカードのハンコがお目見得して、ちょっと便利をしている。

なにしろ薄いので、クレジットカードやテレホンカードなどと重ねておくと、かさばらないのがありがたい。

ちょっと大きい文房具屋さんならたいていあります。

イン・カード　800円、専用インク　200円。

66

パンチセット

ベルトや厚紙などに穴をあけたいとき、キリやナイフではなんとなく不細工な仕上がりになってしまいます。といってわざわざ靴屋さんなどへ出向くのもオックウなものです。

この「パンチセット」は操作が簡単で、スッパリ、パチンと穴があくのでまことにゴキゲン。私は、ベルトの穴を一個あけたのが病みつき（?）になって、やたらめたらと穴をあけたくてウズウズしています。

どなたか、「ピアスをつけたいから耳タボに穴をあけたいのよ」という女性はどうぞ御一報ください。この私めがパンチセットと共にはせ参じますので。

お値段・800円。新宿・伊勢丹、家庭雑貨の「住いの110番」で求めました。

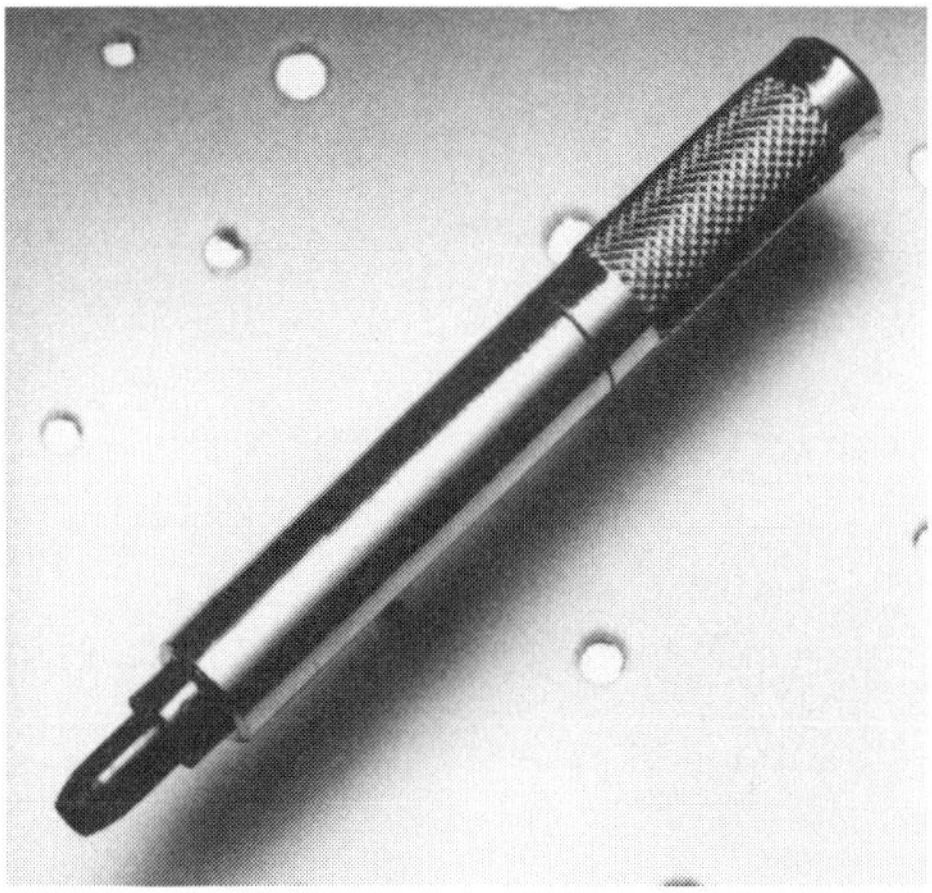

67

フクロオブラート

私は「粉薬」を飲むのが下手である。

どんな飲みかたをしても、なぜか水だけが先にノドを通ってしまって、口中に残った粉薬でむせかえったり、吹き出たり、と、さんざんな目に遭ってしまう。子供のようだが、オブラートのお世話にならなければ粉薬が飲めない。

オブラートは十年一日「丸型」と決まっていたが、最近「フクロオブラート」なる三角帽子のようなオブラートが出現した。三角帽子に粉薬を入れたら、入口をひねってチョイと水につけてスルリと飲みこむ、という寸法で、なかなか具合がよい。

白十字株式会社の製品で、五〇枚入り270円。各薬局にあります。

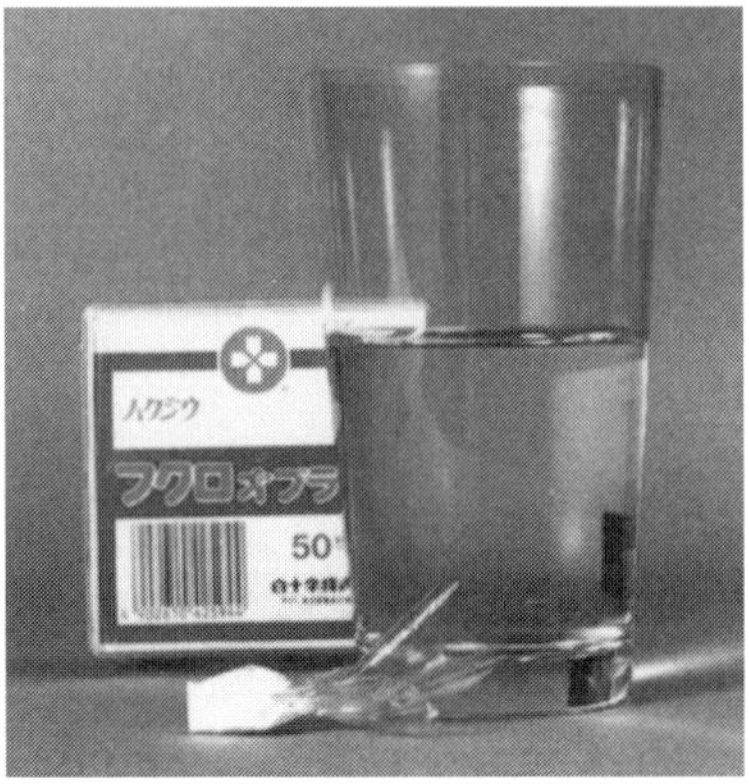

68

ぶつかり止め

こよなく便利なスコッチテープ、そしてポスト・イット、とヒットを飛ばした「3M社」が、またまた「いいもの」を発明した。なんと頭のいい会社だろう。

スタッフの顔が見たい、と、そんなことはカンケイないとして、今回の「いいもの」の名前は「バンポン・プロテクタース」。ぶつかり止め、とでもいうのだろうか。

白い壁に額など掛けるとき、四隅にチョイとはっておくと壁が汚れないし、他にもいろいろと利用ができそう。

一個の直径が一センチ。色は水玉のように透明で、スマートで……ああ、やっぱりスタッフの顔が見たい！

アメリカの文房具店でみつけましたが、もう日本に上陸してるかも？

（これと同様の商品が、住友スリーエムから発売されています。一〇個一組220円。）

69

ブックストッパー

いまから三十年も前、パリの蚤《のみ》の市で、ブーツの形と手の形のペーパーウエイトを買ったのが病みつきになり、ガラス製、銀製、丸いのや長いのや、石ころのペーパーウエイトなどで机のひき出しが一杯になった。

辞書や、資料を広げるときは、ペーパーウエイトの総動員となるが、ペーパーウエイトは本来「紙押え」であって、「本押え」の機能は持っていないからイマイチ役に立たない。

そこへ、「ブックストッパー」なる頭のいい一品が現れた。使ってみたら実に具合がよくて机の上の必需品になってしまった。机の上ばかりでなく、台所で厚いクックブックを押えたり、メモスタンドにもなっちゃったりで、とにかく便利、便利。ちょいとしたプレゼントにもお格好でーす。

お値段は８００円。銀座の伊東屋でみつけました。

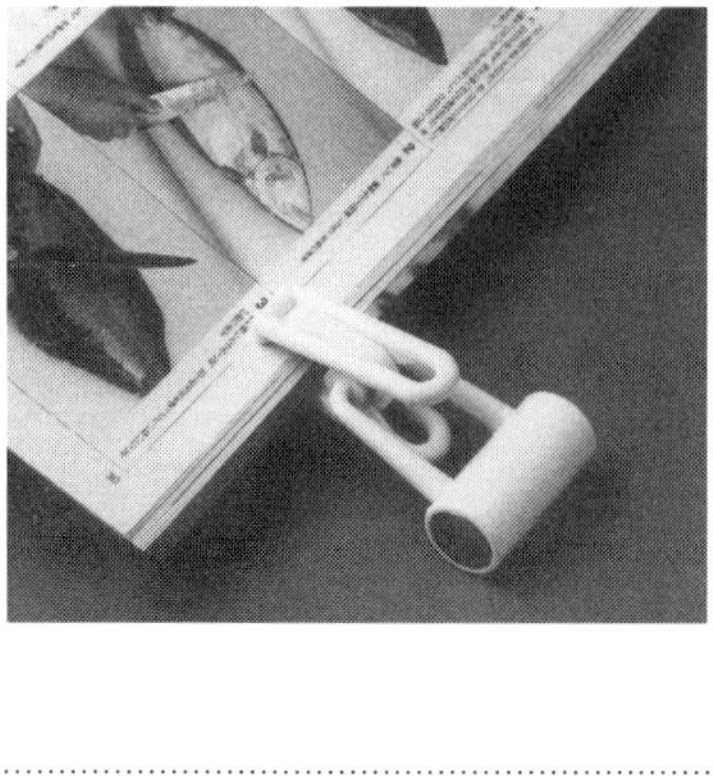

70

フッ素コートのはさみ

「セロハンテープ」や「ガムテープ」の発明はまさに革命的で、便利なことこの上ない。いや、便利、というより、ときには頼もしくさえなることがある。

わが家にもまた各種のテープがゴロゴロしているが、ガムテープを切るとはさみの刃がベトつくだけが、チイとばかり面白くない。私はネイルリムーバーでせっせとふき取っていたけれど、最近、ステンレスの刃の両面にフッ素樹脂をコーティングしたはさみが出現。テープを切ってもサラリとした切れ味が心地よい。家庭に一丁あると調法する。

写真の品は刃わたり七センチ。たいていの文房具店にあります。

お値段は1600円。

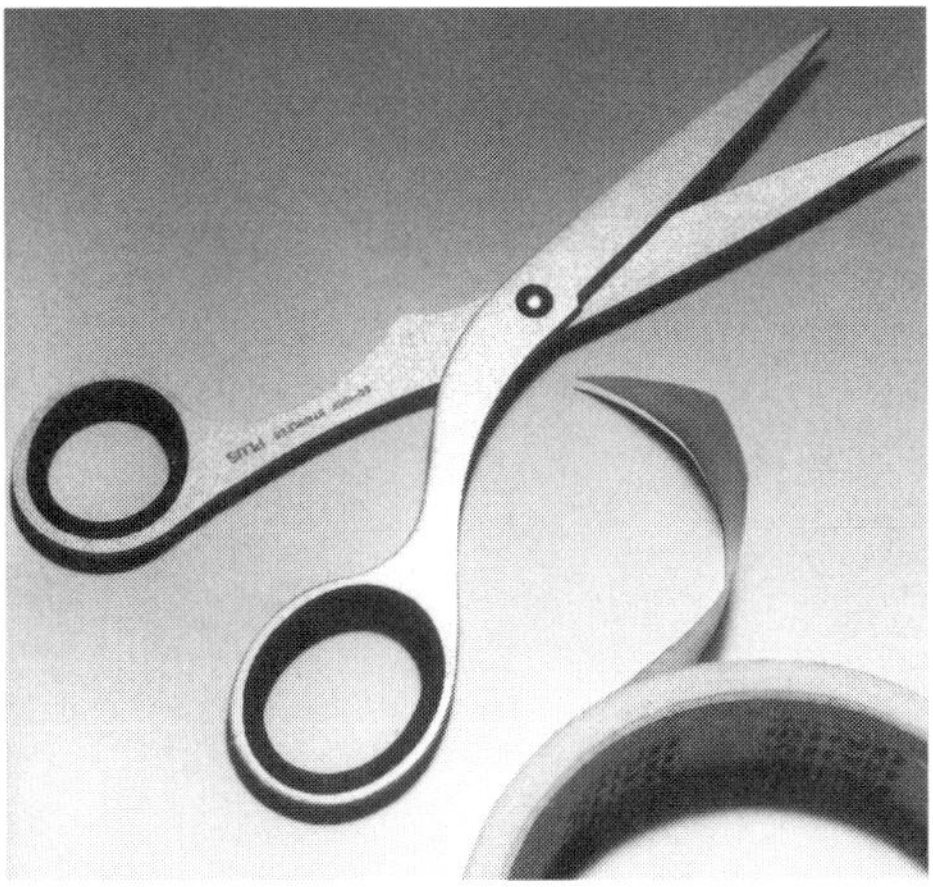

71 フラワーアレンジメント用〝花林〟

私は花が大好きで、来客がお花をおみやげにくださると、まず花をいけ終るまではお茶も出さない。お客さんは五分や一〇分待たせても生きているけれど、水をはなれ、紙に包まれて悲鳴をあげているような花を、とても放ってはおけない気がするからである。

したがって、家の中は花瓶だらけである。「剣山」も幾つかあるけれど、そそっかしい私はとがった剣山で何度指先を突いたか知れない。

ごく最近、こんな剣山の親戚のような要領のいい一品をみつけた。小さな盛り花を作るときに便利だし、剣山ごとそっと取り出して水替えができるところが気に入って、愛用している。

お値段、2200円。三越でみつけました。

72 フリーサイズの落としぶた

老夫婦の二人住いだし、台所も小さいので、物を増やすまい、物を買うまい、と思いながらも、キッチン用具の新兵器が現れると、ついつい買ってしまう。

つい先日もまた、以前からチラチラと横目で見ていた落としぶたを、とうとう買っちゃった。落としぶたは、昔ながらの木製が具合よいのだけれど、洗ってもなんとなくにおいが残るような気がするし、乾きもおそい。プラスチック製のは清潔だが重さがイマイチである。

この落としぶたはステンレス製で、重さが適当だし、大きさも二四センチ→一四センチと調節がきいて、蒸し器用にも使える。小さく縮めれば一二センチ角になってしまうから、引き出しの中にポンと納まってしまう、というお利口さんである。

お値段８００円。たいていのデパートにあります。

73
「プレスマン」

ロクな文章も書けないくせに、右手の中指にペンダコができて、なんとなくみっともない。

根がケチなので、原稿はもっぱら鉛筆を使っていた。書き間違えたらシコシコと消しゴムで消して、原稿用紙をムダにしないためである。手が小さいせいか、新しい長い鉛筆は私には重い。3Bなので原稿用紙二枚も書くとしんを削らなければならないし、あまり短くなっても書きにくくて、これまた「タコ」のもとである。鉛筆を削ったり「タコ」を削ったり、と忙しくてしょうがない。

なだいなだ先生が、「これいいよ。ボク、ずーっとこればっかり」と、教えてくださったのが、この「プレスマン」というシャープペンシル。軽くて、しんが〇・九ミリの2Bで、おまけに鉛筆一本分ほどの安価にはビックリした。

プレスマンを使うようになってからは、「ギャーッ」とイヤな音を立てる電動鉛筆削りともおさらばしたし、重さが一定しているせいか、タコの成長が止まったのがありがたい。

「これ、いいわ。ずーっとこればっかり」と、ウハウハ喜んでいる。

（200円。デパート、文具店にあり）

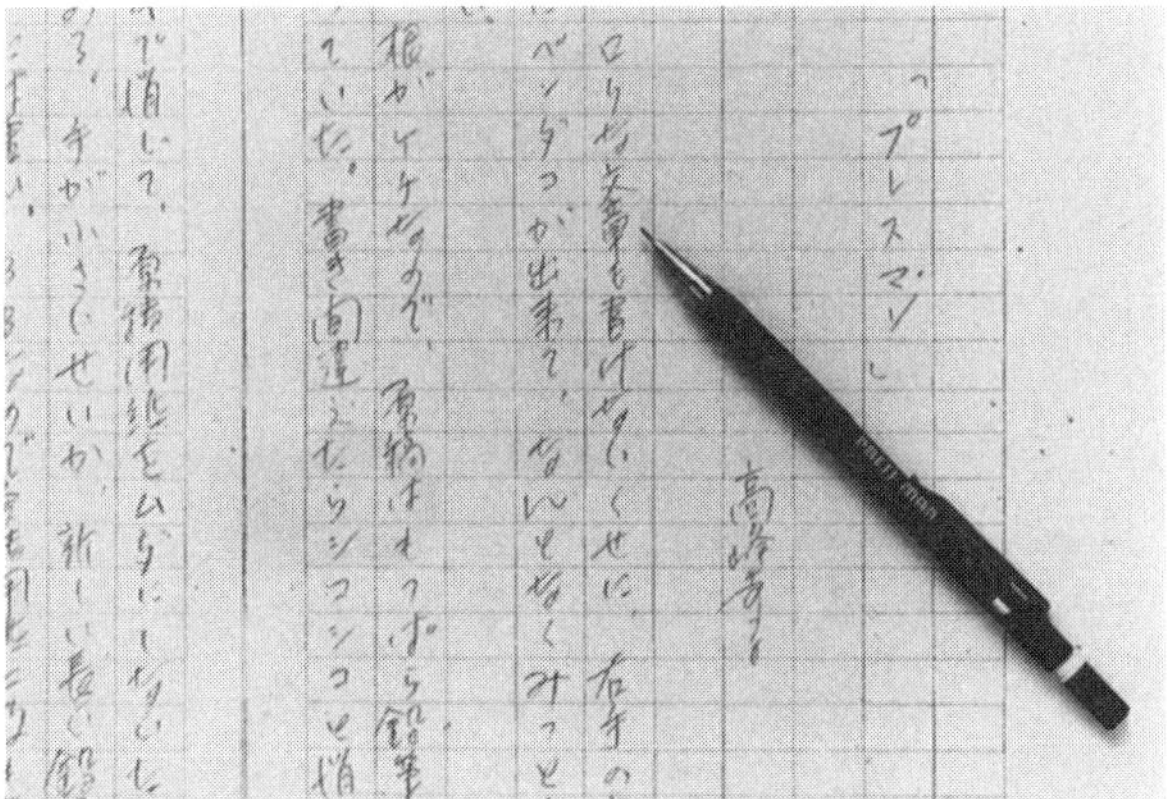

プレスマン
高峰秀子
ロクな文章も書けないくせに、右手の中
ペンダコが出来て、なんとなくみっと
根がケチなので、原稿はもっぱら鉛筆を
ていた。書き間違えたらシコシコと消

74

ヘチマ

私は昔からヘチマ中毒（？）で、ヘチマなしではお風呂に入った気がしない。外国旅行にまでヘチマを持って行く。

が、ヘチマといってもいろいろござんして、ヘチマならどれでもいいというわけにはいかない。あまり繊維の粗いものは身体中傷だらけになるし、はじめからフニャフニャでも頼りない。ヘチマ製品もよく見ると、日本製、香港製、フィリピン製、韓国製、アメリカ製、と、ヘチマ市場はなかなかガンばっている。

ヘチマの難点は細部が洗いにくいことで、もう少し薄手の優しいヘチマはないものか？と探していたら、最近、コンパクトのパフほどの愛らしいヘチマが現れたのでバンザーイと喜んだ。指の間や首すじにもゆき届いてとても便利です。

四枚で350円。コーヒー1杯倹約しておためしになってはいかがでしょう？

東急ハンズにあります。

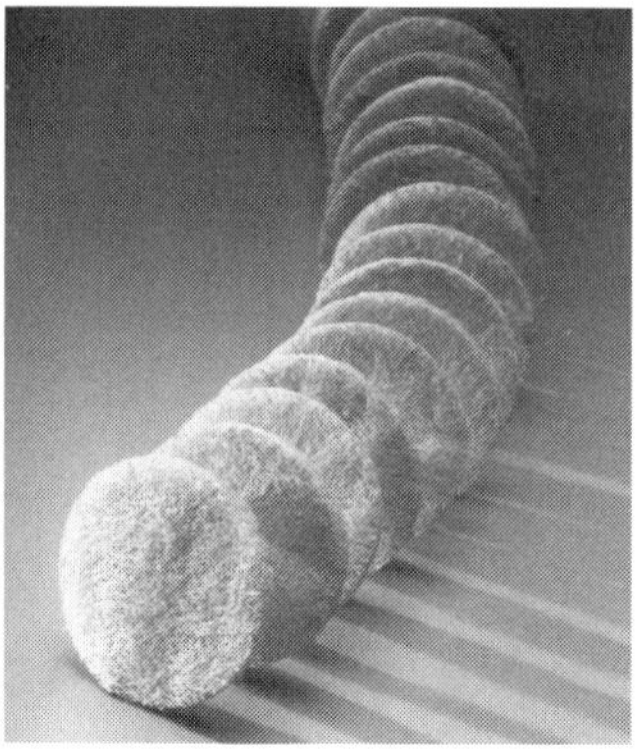

75

包丁

野菜や果物を切るとき、とくに生のジャガイモなどが包丁の腹にペタリッと吸いついて、ひっぺがすのに閉口した経験はありませんか？　その悩みが一挙に解決して、私は台所仕事が楽しくさえなりました。

　どなたの発明か知りませんが、十年ほど前から研究されていて、本格的に売り出されたのはこの二、三年前から、とか。包丁の右腹にほんの浅いウネをうがってある。ただそれだけのことですが、とにかく使いやすいのです。買って後悔しない一品だと、古女房の私がタイコ判を押します。

　お値段は６９００円。高島屋デパートで買いました。

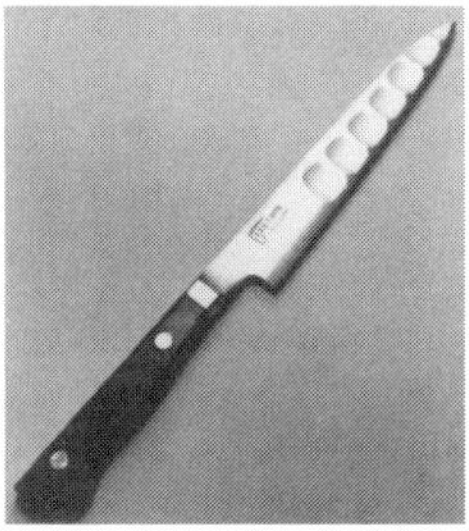

76

ボウル

最近の若夫婦は、包丁やマナ板がなくても結構上手に生活をしている、と聞くけれど、私のような古女房は手作り思考から抜けきれないから、今日はちょっとごちそうを、と思うと台所用具の総動員となる。

いちばん活躍するのは大小幾つかのボウルたちだが、おとしのせいか、とにかく軽くて洗いやすいボウルばかり探すようになった。

いま気に入っているのは、西武百貨店の無印良品コーナーで売っている、「ポリプロピレン」という舌をかみそうな材質でできた半透明のボウルで、見た目が軽快で扱いやすく、そのうえ、お値段が、大が110円、小が90円とひどくお安い。

いまの110円で「何が買えるかしら?」と考えたら、アラマ、速達も出せやしない。

111　ボウル

77 ポストスケール

朝から晩まで、めったやたらと電話のベルが鳴る。

以前には原稿依頼などはきちんと手紙で来たものだけれど、いまはほとんどがリンリン、モシモシである。当節は郵便料金もバカにはならぬお値段で、封書が六十円、ハガキが四十円もする。郵便に比べれば電話のほうが安あがりだし、即、返答もかえってくるから能率的だということで、つい電話機に手がのびるのだろう。現金なもので、電話の回数が増えるに従って、郵便がガクンとへった。あんまり手紙を書かなくなった、というのが、その理由かどうか知らないけれど、ときおり「料金不足」の郵便物が舞い込む。不足料金は十円からはじまって七十円なんてのもある。たとえ十円、二十円の不足料金でも、払うのは受取り人だし、差出し人が見知らぬ人だからといって送り返すのはなお面倒である。

そうした迷惑を相手方にかけぬように、わが家にはこんなスケールが用意してあって、なかなか重宝している。小さくて、軽くて、おまけに一見チャチだから、完全無欠かどうか分からない、という人もいるけれど、一応の目安にはなるようだ。たかが十円、二十円の料金不足で「バカ、無神経……」なんて思われちゃツマンナイものね。

「ポストスケール」４００円。文房具店にあります。

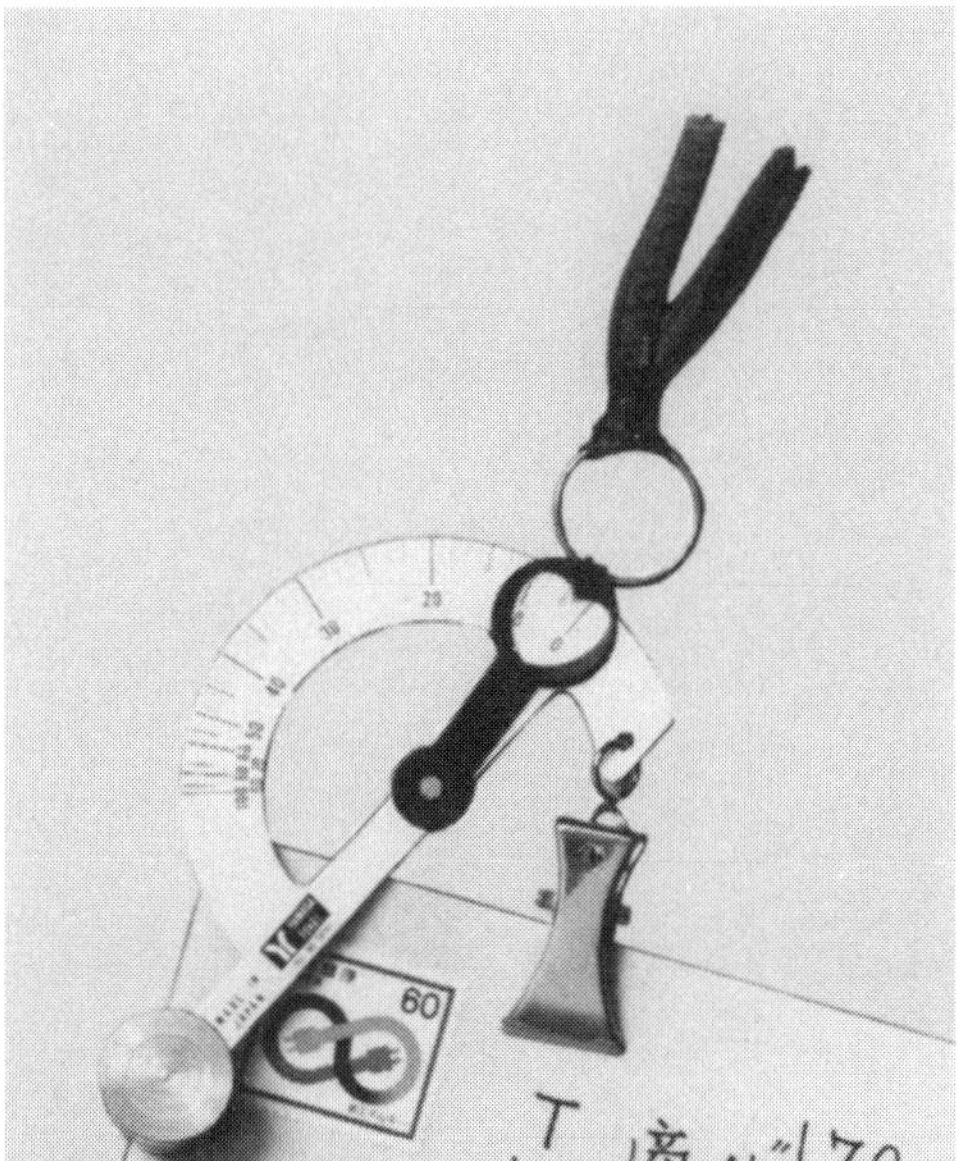

113　ポストスケール

78

ホチキス取りはずし機

最近はセロテープとホチキスの大活躍で、両方とも便利重宝この上ないものではあるけれど、いったんくっついたものを取り除く段になると、なかなかに苦労をする。

ガラスやプラスチックにペッタリとはりついたセロテープのあとは、除光液とかベンジンでこすればきれいに取れるけれど、パックなどに食いこんでいるホチキスを無理矢理に指でひねり取ろうとすると、意外と頑固で指や爪を傷めたりするから、ナイフやハサミの先でこじり取るよりしかたがない。

文房具店には、フランス製、アメリカ製、日本製と、いろいろな種類のホチキス取りはずし機（？）がそろっているけれど、私にはフランス製のがいちばん使いやすい。

色は、ブルー、茶、グリーンなど。お値段は380円。台所に置いておくと便利ですよ。

日本では「ホチキス」と呼ばれているけれど、これは発明者の名前なので、アメリカではステイプルと言わないと通じないのです。念のため。

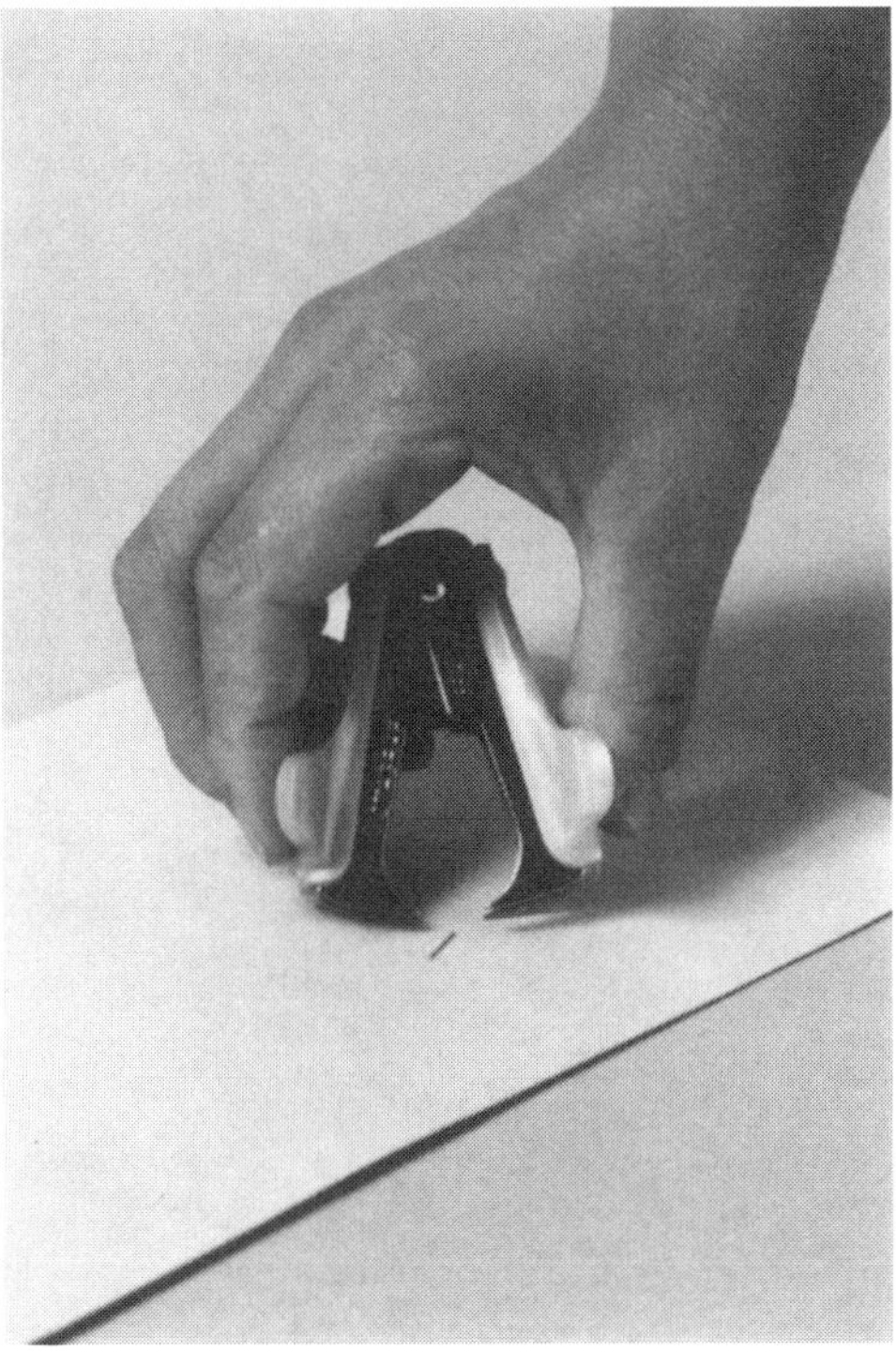

115　ホチキス取りはずし機

79

ボールこし器

私は、時間のあるときにシチューやスパゲティーのソース、カレーなどを大量に作りおきすることがあるけれど、西洋煮込み？　に欠かせないのは多種類の香辛料たちである。

けれど折角でき上がったなべの表面に、香辛料のふやけた残がいが浮いているのは少々興ざめなので、香辛料用の小さな容器に入れて、細いクサリをなべのふちにひっかけておくことにしている。

最近はスプーン型、鈴型などと、目あたらしく愛らしい形のものも出まわっているけれど、使ってみると、やはり何の変哲もないステンレス製の球型のものが一番よろしい。日本製でも大中小とそろっているけれど、大きめのを買っておくと月桂樹の葉ッパまで押し込めるし、使用後にも洗いやすい。

香辛料の他に、煮干しを煮出したり、紅茶や番茶などにも利用できるとのこと。一個あると便利でーす。

写真は「中」で250円。

117　ボールこし器

80

マイティグリッパー

「いいもの見つけた」のこのページに、「瓶のフタ開け」を何回か書いた。わが家の台所のひきだしにも何種類もの「フタ開け」が入っていて、出番を待っている。

トシをとると、指の力が弱る。その指を助けてくれそうな、手に優しい「フタ開け」がここにある。

一見、カッコよくはないけれど、瓶のフタ開けばかりでなく、スリ鉢や電話機の下に置くと、ピタッと安定してなかなか具合がよろしく、私のお気に入りの一品である。

アメリカ生まれで、名前は「マイティグリッパー」。一三センチ角が四枚入りで、お値段は350円。

池袋、サンシャインシティの「ワールドインポートマート」でみつけました。

泡立てのときも便利です。

81

マグネットつき缶切り

缶切りを使って缶詰めを開けきったトタンに、切り取った部分がペニョーッと缶の中へ落ち込んで、今度はそれを取り出すのに苦労した経験はありませんか？

とくにスープの缶詰めのときなどは、細い竹ぐしなどでダマしダマし持ち上げないと取り出せない。ほんのささいなことですが、ささいなことだけにシャクですね。

柱などに取り付けるマグネット付きの缶切りは便利ですが、本体が家庭には大きすぎるし、缶切りが年中ムキだしというのもカッコ悪いものです。もっとハンディなマグネットつき缶切りはないかしら？　と探していたら、最近ようやくみつけて、バンザイ。切れ味もよく、マグネットの吸引力もいいので、やたら缶詰めが開けたくて困っています。人間て現金なものですねえ。

オランダ製　２６００円。

銀座・松屋で見つけました。

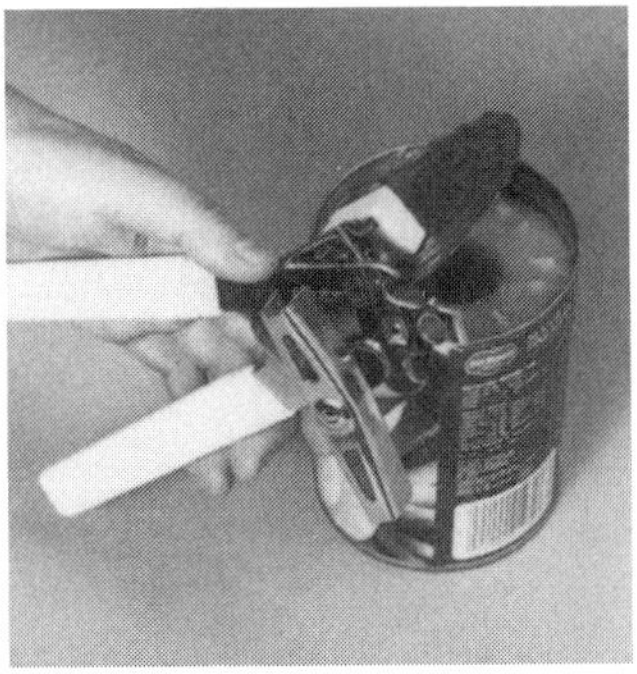

82

万年筆

「ボールペンは便利だけど、味がないね」

「サインペンて、ヤボっちい感じねえ」

などといわれながらも、使い捨ての便利重宝、おまけに安価なボールペンやサインペンが、今日も巷を跋扈《ばっこ》している。

だから、「万年筆」という、なんとも古風な名前を持つファウンテンペンは、とんとお呼びがないらしい。私の机の引き出しにも、モンブラン、パーカー、シェーファーなどの上等万年筆たちが、インクをこびりつかせたまま転がってアクビをしている。

このお正月に、ホノルルの文房具店をウロついていたら、軸がバカ太くて、昔なつかしい形のペン先を持った万年筆をみつけた。アメリカの若者に大人気なのだそうで、試し書きをしてみたら、あまりの書きやすさにビックリして、思わず衝動買いをしてしまった。ブルー、オレンジ、イエローなどと、色もカラフルで楽しいし、お値段は600円だから、茶の間に転がしておいても惜しくはない。さすが「シェーファー」だけのことはある。と、私はやたらと感心しながら、やたらと手紙ばかり書いている。


（デパート、文具店にあります）

PAR AVION

83
密封クリップ

マーケットの買い物から戻ると、野菜などはポリ袋のまま、冷蔵庫にポイポイと放りこんでしまうことが多い。

　私は、いままで、ポリ袋の口を閉めるのにはもっぱら園芸用の「ツイスト」のお世話になっていた。ツイストは便利だが、一度くねくねと曲げてしまったら最後で、再びまっすぐにのばすのは至難のワザだし、時間もかかるので、つい一度きりで捨ててしまう。もったいないことである。国家の不経済である。

　そこへ、「お待たせしました…」と出現したのが「CLIP・IT」なる密封クリップ。長さが八センチほどもあるのがみみっちくなくて使いよいし、まことにシッカリとした出来具合である。

　でも、「使っている間にバネがダメになったり、変形したりするかも?」と、説明書きを読んだら、

「そういうときは熱湯につければ元通りになります」

　とあり、さすがスウェーデン生まれだァ、とヘンなところに感心してしまった。

色は、白、赤、黄。

三本入りで300円。

東急ハンズにあります。

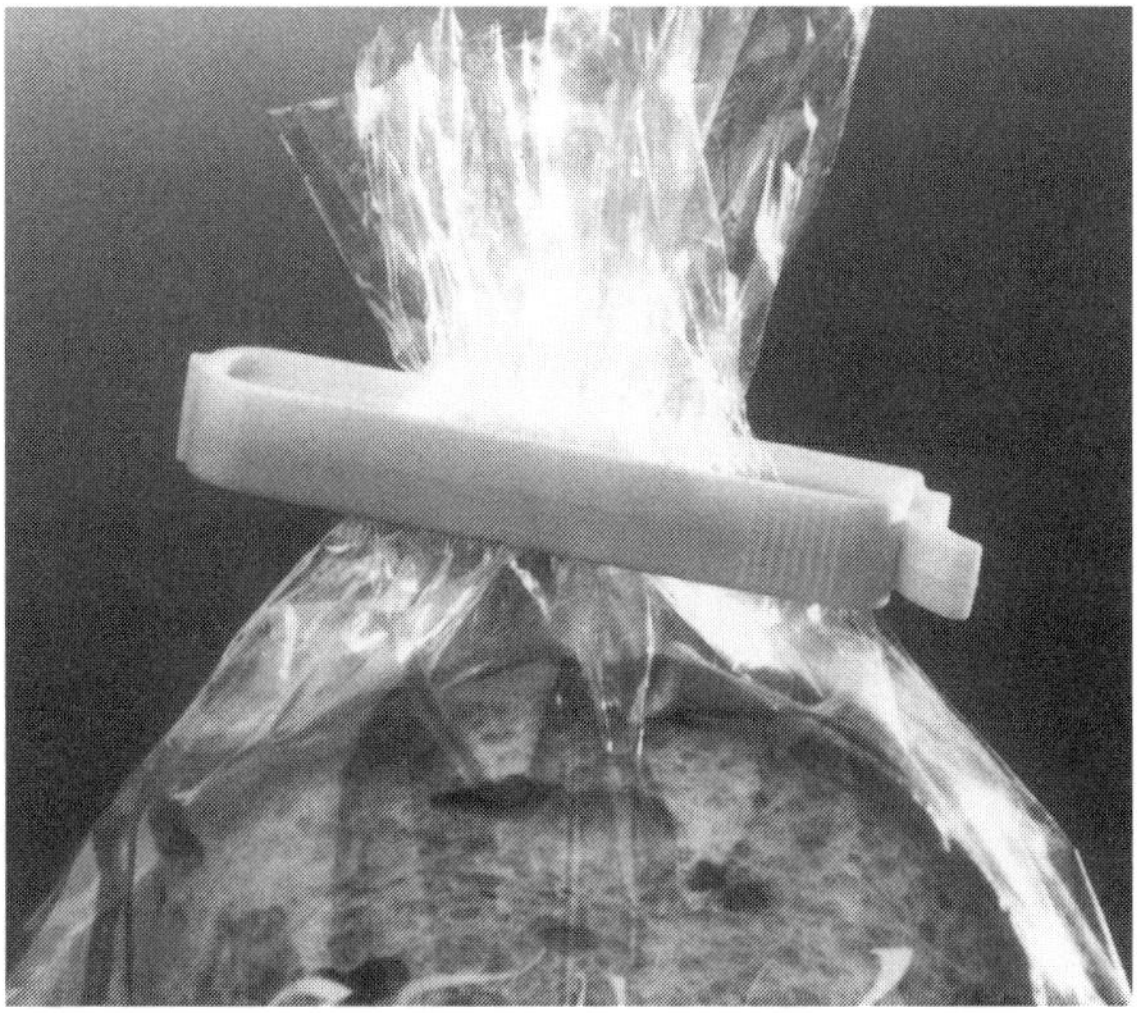

123　密封クリップ

84

ミニ熊手

最近、「いいもの」が、なかなかみつからなくてガックリしていたら、顔はあんまり面白くないけど手紙だけは面白いという、ま、半分はファンみたいで半分はボーイフレンドみたいな、三十歳すぎても独身のヘンな男性から、「オバハン、いいもン見つけたゼ」と、小包みが送られて来ました。その「いいもン」なる、この耳カキほどの寸法の「熊手」は、もとは急須の穴につまったお茶ガラをかき出すための道具だったそうですが（ホントかな?）、ユズやショウガ、ワサビなどをおろしたとき、おろし金のあちこちに飛び散った、高価な「お薬味サマ」をかき集めるのに便利なのだそうです。

「京都旅行したとき、四百五十円で買いました」と、書いてありました。

それで私、「おろし金に散らばった薬味をパパッと小鉢の中に振り入れるにはですネ、ごくお安い茶筅《ちゃせん》の上半分ほどをジャキッとはさみで切り取って、ササラのようにして使っても、なかなか効果がありまっせ。ザマミロ……」と手紙を出したら、「グヤジィーッ」と思ったのか、それっきり返事が来ませんでした。

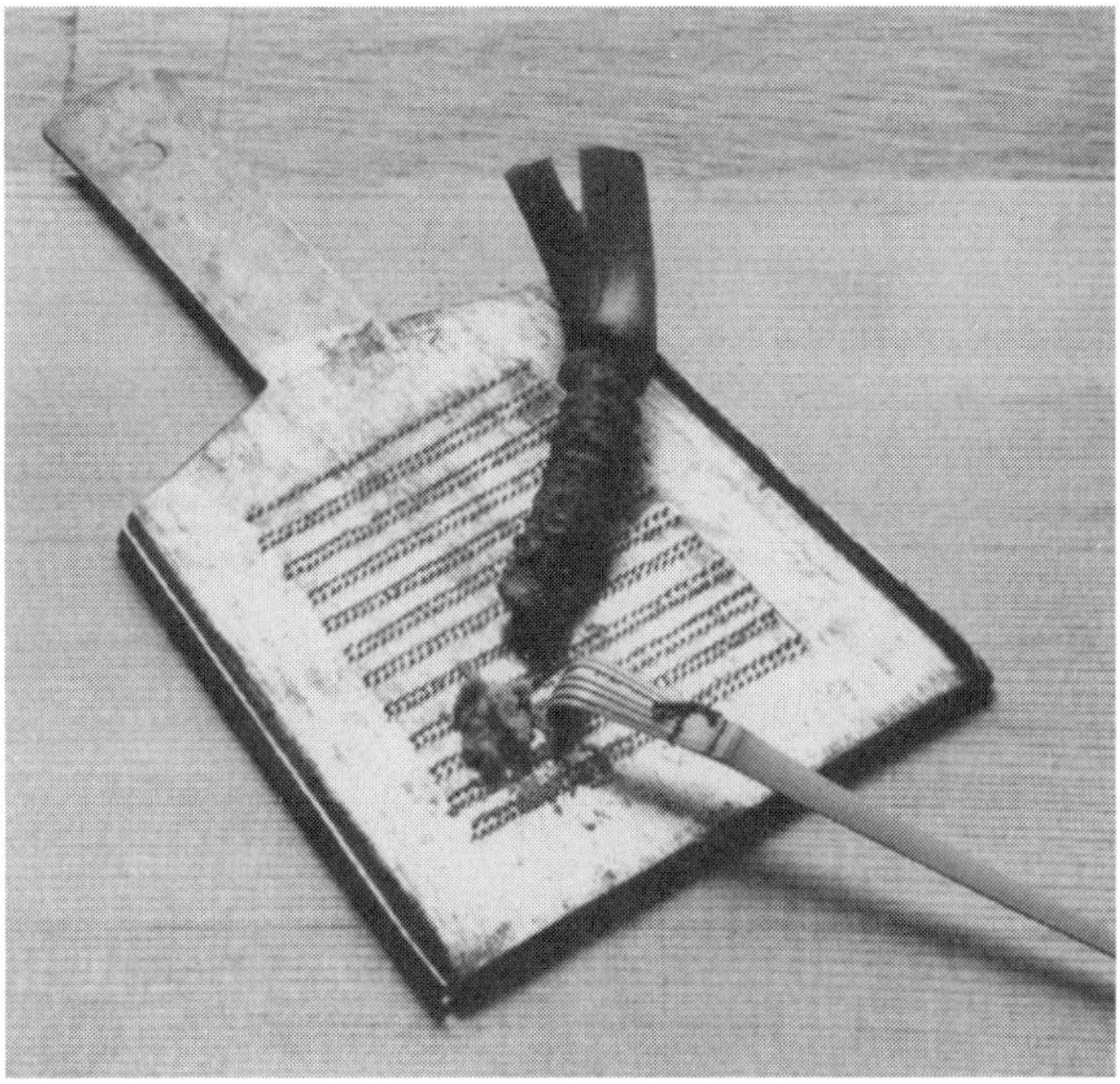

85
ミニトイレ

高速道路を走行中に、子供さんが突然「オシッコ！」と叫んだら、どうしましょう？

たまの休日の舟遊びの最中に「オシッコに行きたくなっちゃったわ」と思っても、さて近所にトイレットはありません。どうしましょう？

ベッドに寝たきりの病人を残して、どうしても外出しなければならない用事ができてしまいました。さて、どうしましょう？

そんなときのために、この携帯用「ユリアポット」なるミニトイレを常備しておいてはいかがでしょうか。なにしろ、オシッコが十秒で固まってしまうんですから、まさに画期的な発明品とエバられてもしかたがありません。

ポリエチレン製、一袋三個入りで1000円です。


（百貨店、自動車用品専門店にあります）

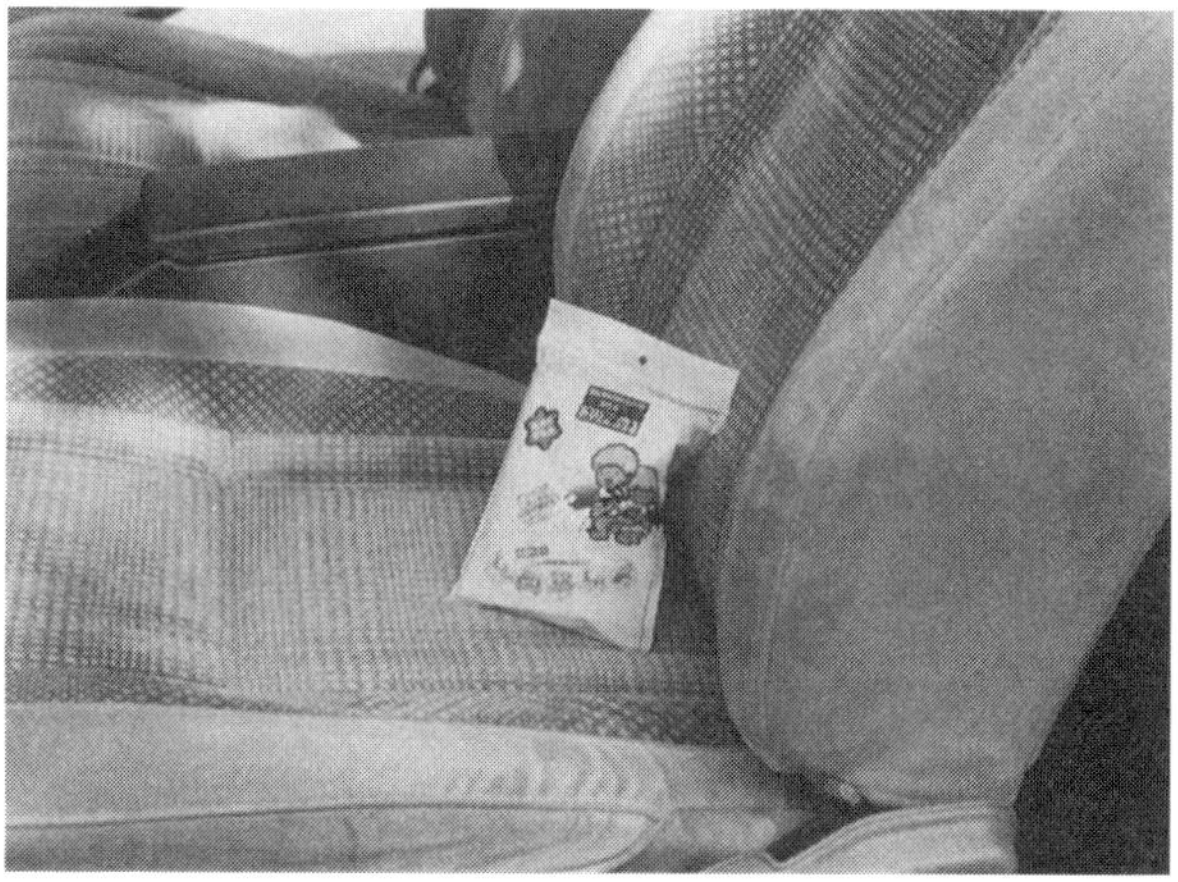

86
ミニ二段鍋

私たち夫婦は、毎年、夏と冬をすごすホノルルの貸しアパートでは、夫婦二人っきりの生活をしている。アパートも小さいが台所もこぢんまりと小さいから、なべ、かま、食器も最小のちびすけをそろえていて、ママゴト遊びのようなものである。

茶わん蒸しを一個作ったり、焼売《シュウマイ》を四個蒸したりできるミニ蒸し器はないものかしら？と、あちこちをホッツキ歩いていたら、ようやくこの蒸し器にめぐり会えて、飛び上がるほどうれしかった。直径一五センチほどのミニなべは二段に分かれていて、ポツポツと穴のあいている上段はザルの代用品にもなるし、下段は煮物その他にも調法である。

なべのフタは木製、硬質ガラス、と二通りあるけれど、木製の方は、使ってみたら蒸気を吸ってふくれ上がって、なべから離れなくなって往生したから、ガラスの方がよろしい。

お値段は１９８０円。東急ハンズで売っています。

129　ミニ二段鍋

87
耳かき＋綿棒

「耳かき」と聞いただけで、懐かしさがあふれてくる。「耳かき」のイメージは、即、母のひざ枕だからだ。母はいつも私のオカッパ頭をひざに乗せ、ちょっと鼻の下をのばすような表情で、私の小さな耳の穴をのぞき込みながら、そうっと、そうっと耳かきを使った。そして「さあ、おしまい」と言いながら、耳かき棒の反対側についているフワフワした白い毛で仕上げをし、私はそのたびに「くすぐったァい！」と、両足をバタつかせたものだった。

私には子供がないので知らないけれど、いまの子供たちもやはり昔のようにああしてお母さんのひざ枕で耳掃除をしてもらうのだろうか？　それともアメリカのお母さんのように耳掃除は綿棒を使って手早くすませてしまうのだろうか？

考えてみると、私もいつからか、髪を洗うたびに綿棒で耳を掃除する習慣がついたせいか、とくに「耳かき」のお世話になることが少なくなった。だから最近この「耳かき＋綿棒」というユーモラスな代物に出会ったときは、懐かしさが先に立ったせいか、思わず三袋も買い込んでしまった。家へ帰って早速使ってみたが、なかなかに具合がよろしく、耳掃除以外にもいろいろな使いみちがあると知ってずいぶんにトクをしたような気がした。「耳かき綿棒」五〇本入、１６０円。スーパーマーケットにあります。

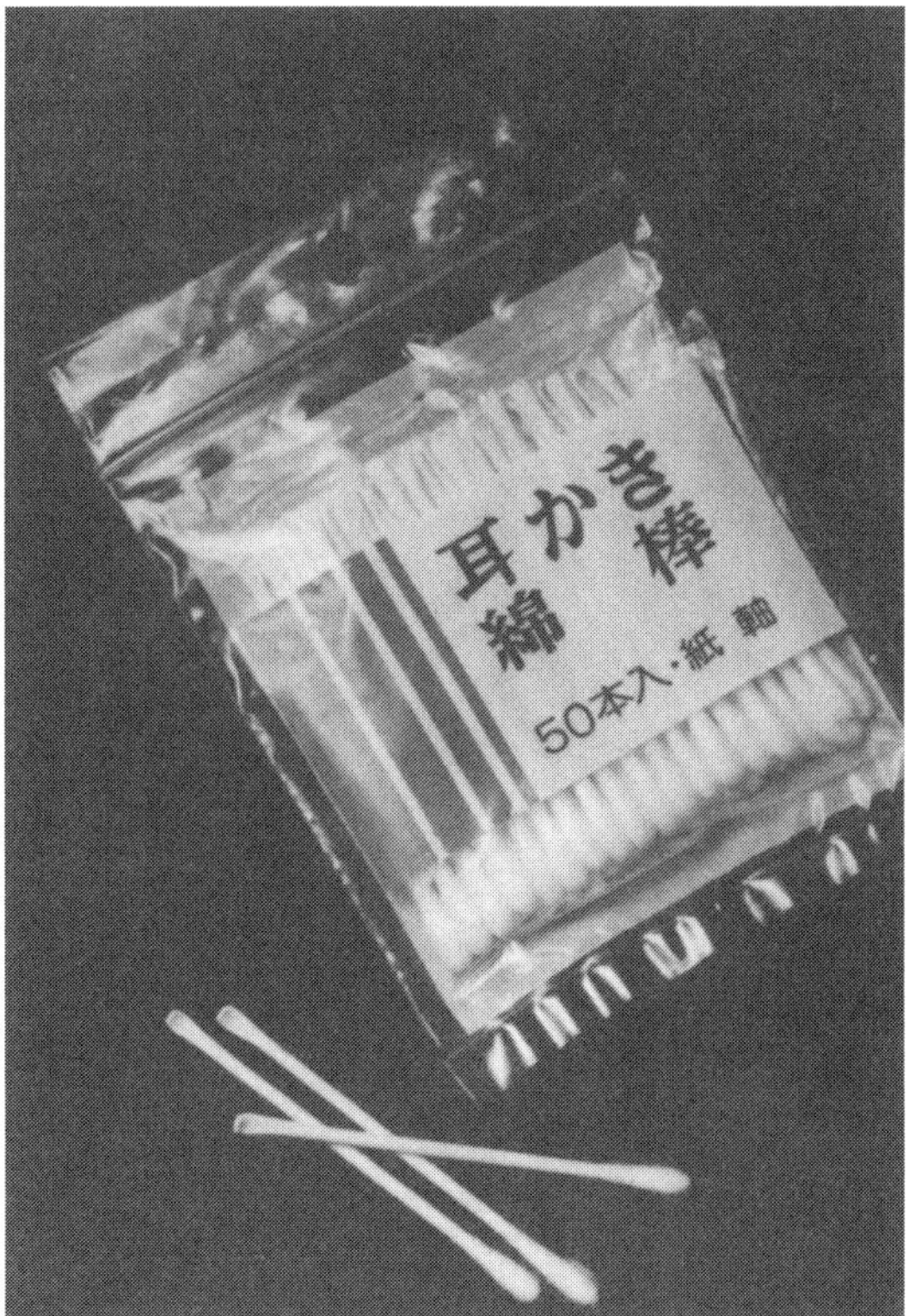

88

虫メガネ

たて一三センチ、よこ九センチ。ちょうど葉書ほどの大きさで、ヒラヒラと薄いプラスチックで、ウチワのような柄《え》のついた、この物は、いったい何だとお思いになりますか？よくよく見れば、センターからグルグルと、レコードのように丸いみぞが走っているのです。

「ア、分かった」ですって？「虫メガネ」ハイ、正解でした。これはプラスチック製の拡大鏡なのです。ウチワのように軽く（実際に、あおげば風が来てウチワにもなります）、なにせ大判なので読みかけの書物にはさんでおくと、読むのに便利で、しおり代わりにもなるし、電話帳にはさんでおくと実に重宝です。

しおりほどの小さいのもありますが、このくらい大きいほうが実用的で……え？「私はまだ老眼じゃないから、必要ないわヨ」ですって？これはシツレイをばいたしました。ごめんなさい。

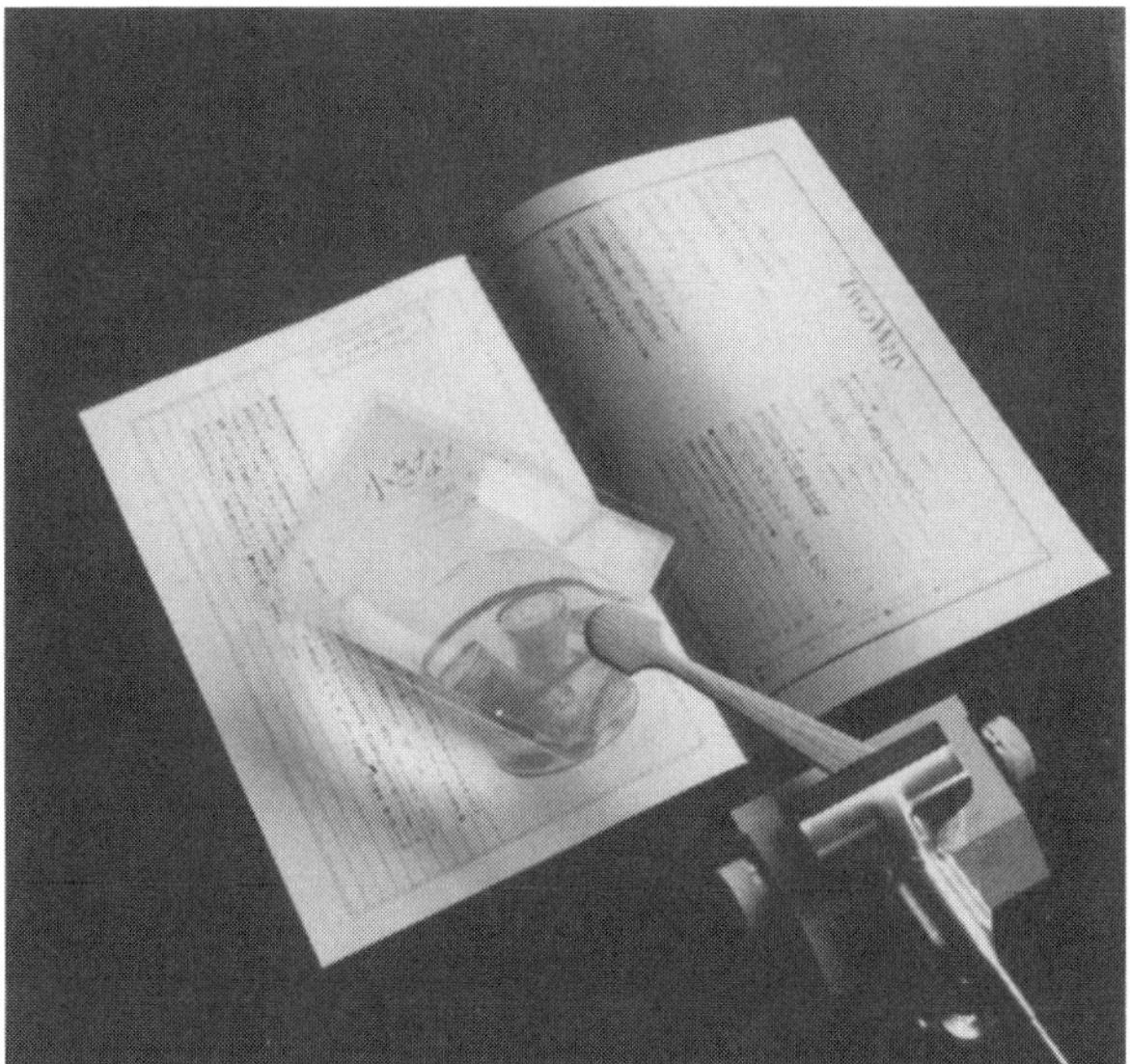

89
眼鏡ふき マジック チーフ

「メガネは顔の一部ですゥ」というコマーシャルがあったけれど、メガネ人間にとってのメガネは、目玉そのものより大切な必需品である。

子供のころからド近眼の私は、いまだに近眼鏡一個で間に合うが、夫・ドッコイは老眼鏡やら読書用やらと、十数個の眼鏡を一日中かけたりはずしたりで忙しい。年をとると何かと雑用が多くなるが、ときたま眼鏡たちを石鹸で洗って、乾いたタオルで拭きあげる「眼鏡の洗濯」も、私の仕事の一つである。

先ごろ、「これ知ってる？ 汚れがよくおちるのよ」と、なだいなだ先生がポケットから出してくださったのが「マジック チーフ」なる眼鏡ふき。使ってみたら、手ざわり、効果、となかなかよろしいので、ちょいとご紹介します。

二枚入り、１００円。薬局、スーパーにあります。

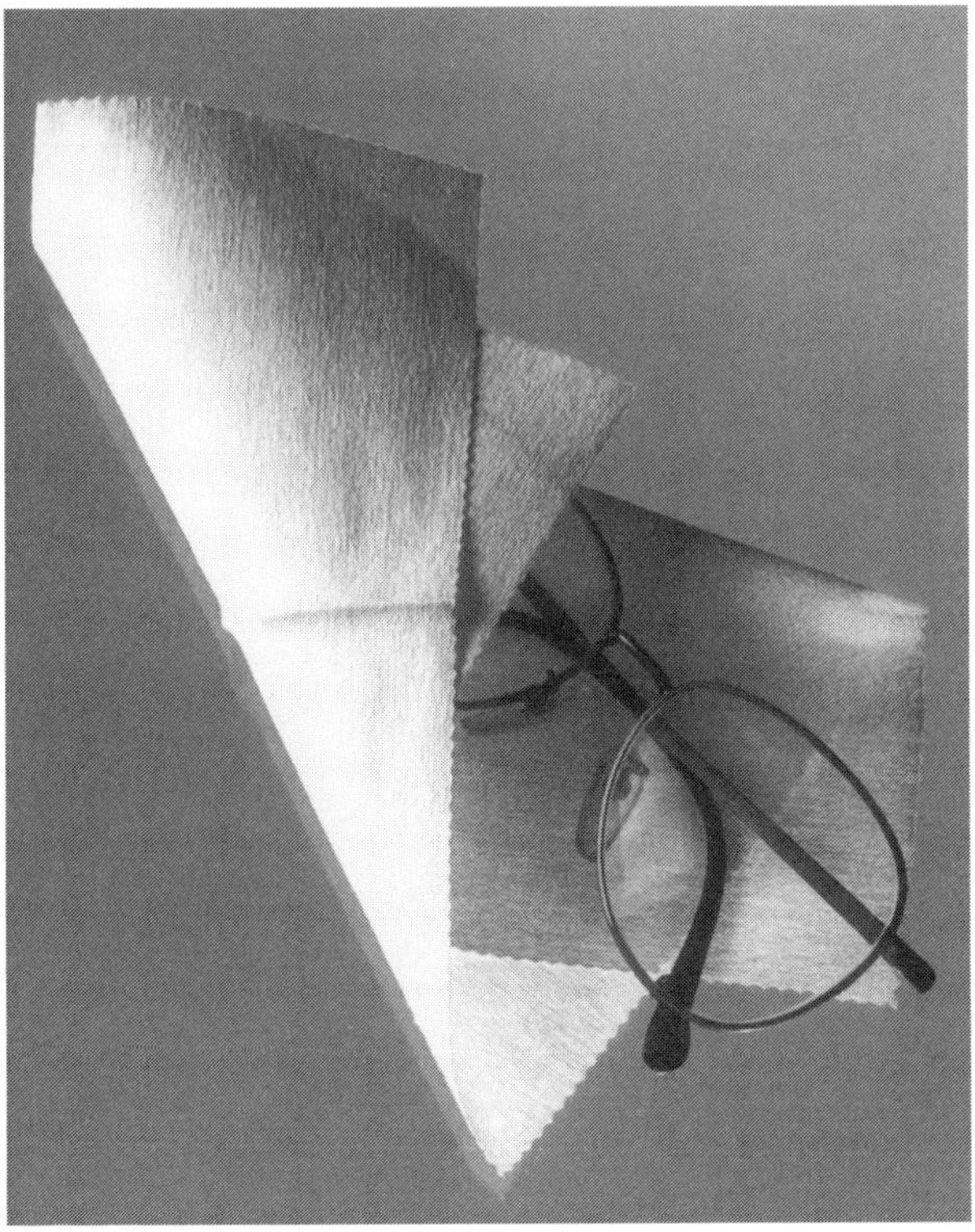

135　眼鏡《めがね》ふき マジック チーフ

90

メモ用紙

仕事の打ち合わせ時間や場所、飛行機や電車の出発時刻、明日の食事のメニューから買物まで、なんでもかんでもメモりにメモり、毎夜、就寝前には何枚ものメモを確認して鏡台の上にズラズラと並べておかないと安眠ができない、という妙なくせがついた。いや、くせではなくて、これすなわち立派な老化現象である。私だけでなく、わがオット・ドッコイもまた、夜半ムックリ起きあがってはベッドサイドに備えたメモ用紙に何やら書きつけたりしている。一日に何枚何十枚というメモ用紙が家中を乱れ飛ぶ、という寸法になるから、わが家にとって「メモ用紙」は、かなりの必需品である。

チビチビペラペラでなく、ある程度の大きさがあって紙質がよくて、使いやすいメモ用紙はないものか？　と探していたら、ありました、ありました。赤坂・山王ビルのアーケードの「銀花」というお店で理想的なメモ用紙をみつけたのです。

「銀花」メモ用紙はドッシリとして安定感がよく、デザインもスッキリで、ちょっとした手土産代わりにも愛用して喜ばれています。

九センチ角、約八〇〇枚綴りで１４００円です。

（右は１５００円、西武百貨店調べ）

137　メモ用紙

91

指キャップ

手は脳の出張所というけれど、私たちの手は一日中休む間もなく、よく働いてくれる。

それだけに、指さきをちょっと傷めただけでも不自由で、とくに水を使う台所仕事は文字通り「お手あげ」になる。

右手と左手は仲が良いはずなのに、さて、片方の手で片方の指のホウタイを巻くとなると、なかなかうまくいかない。

その点、この伸縮自在の「指キャップ」はスイと指にかぶせるだけでフィットするし、ゴムのようにむれないから傷のなおりも早い。

さかむけが布団にひっかかって痛いときも、指キャップをかぶせれば安眠できるし、バンドエイドをつけた上でも好きなようにチョン切ってホウタイの代わりに調法する。

五本というか、五枚というか、とにかく五個入りで300円。各薬局にあります。

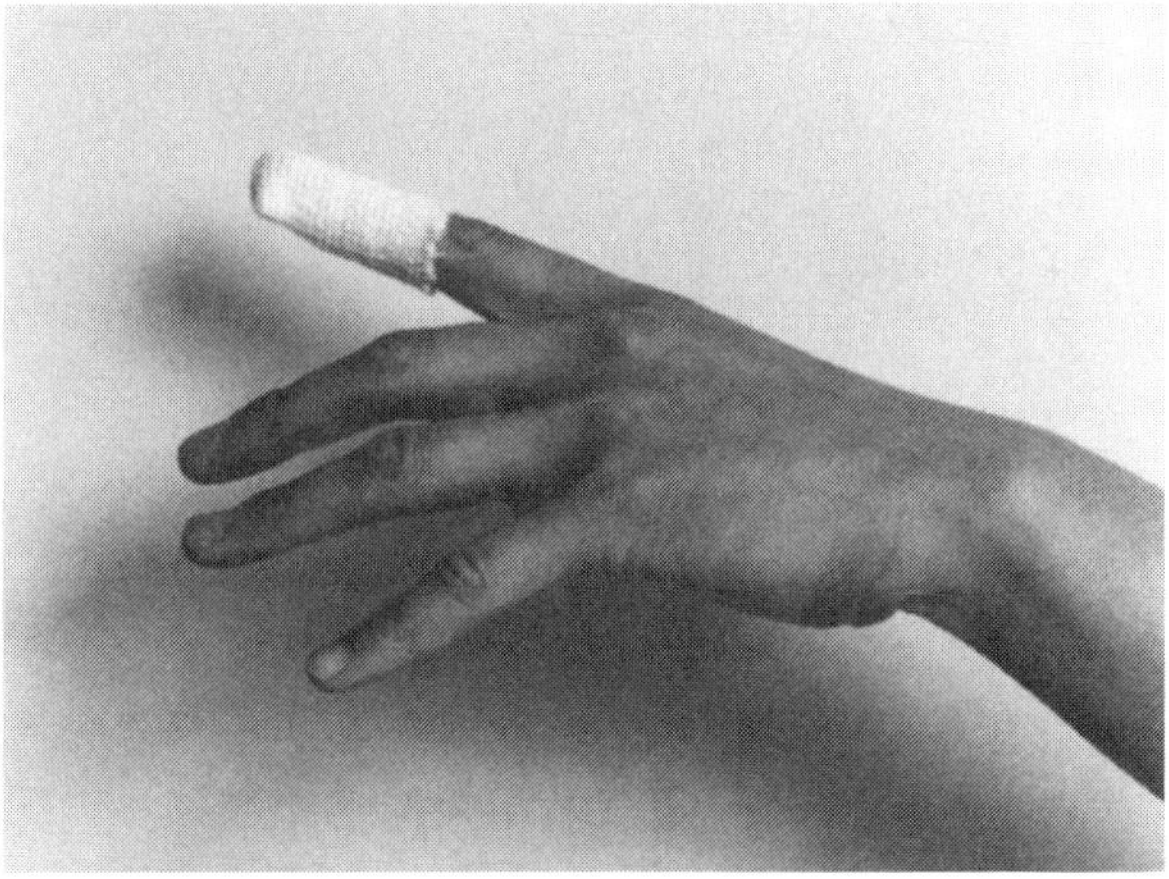

139　指キャップ

92

用字辞典

このあいだ、小学一年生から六年生までの間に学校で習う、九百字ほどの漢字を書いてみたら六字も間違っていた。横線が一本足りなかったり、ウカンムリがクサカンムリだったりという間違いばっかりで「漢字というものはずいぶんいいかげんに記憶しているものだなァ」と、つくづく恥ずかしくおもった。仕事の関係上、辞典はよく開くほうなのに、何てことだべ、とガックリしていたところへ、偶然にも加藤秀俊先生から「これ二冊もらったから一冊あげましょう」と「現代用字便覧」なる辞典を頂戴した。この辞典は意味が書いていない分だけ活字が大きく組まれているから、ウロ覚えの字を探すのにはたいへんに重宝である。巻末には仮名づかい、送り仮名、そして「物の数え方」とか「旧国名一覧表」など、覚えておいてソンはないような資料も付録されているからまことに便利。お茶の間の人気ものになること受けあいです。

発行所は岩波書店。お値段は980円也です。

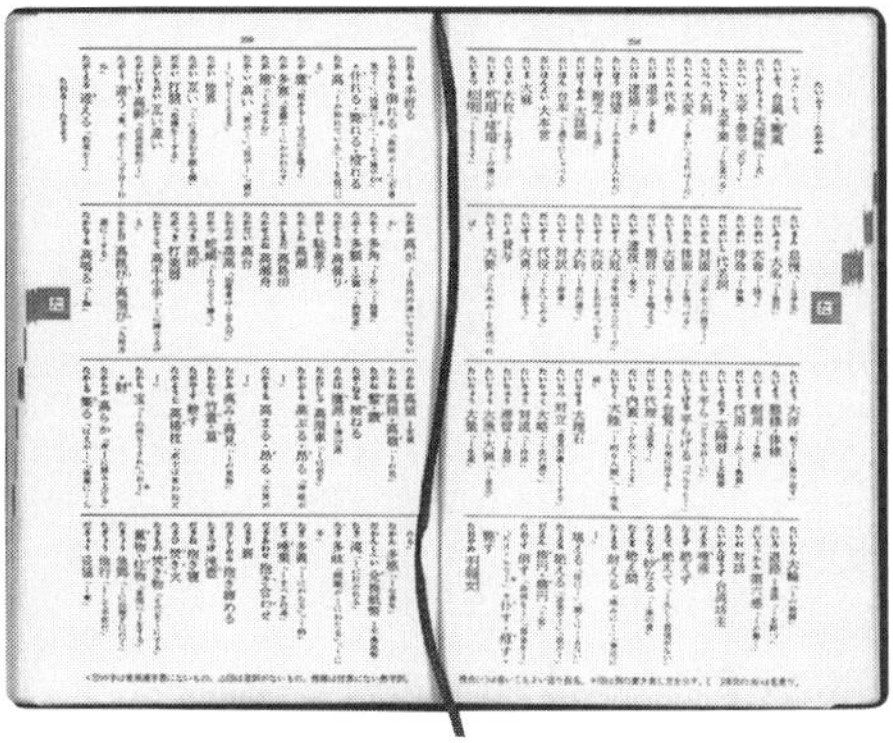

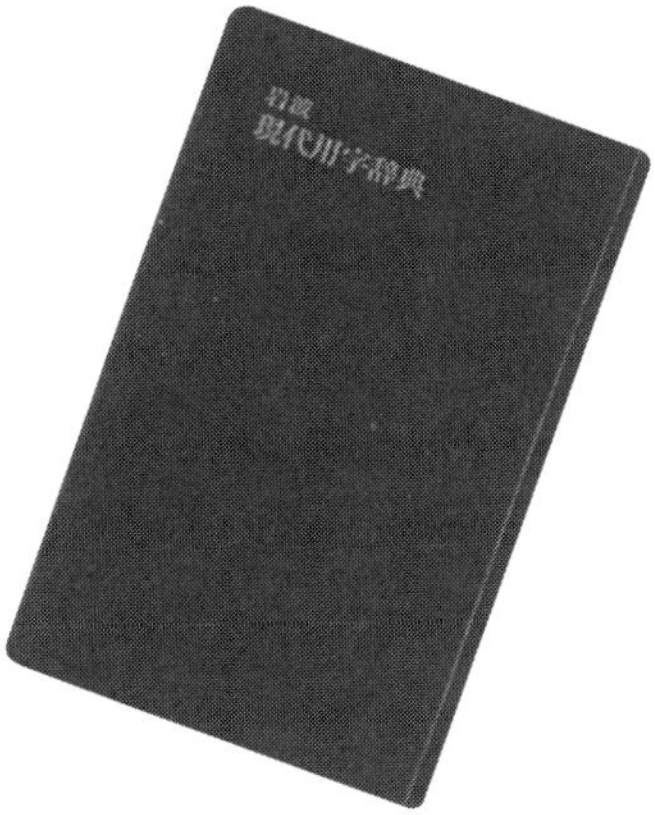

141　用字辞典

93

ラックサック

以前、アフガニスタンに旅行をしたとき、いちばん驚いたのは全く「ゴミ」がないことだった。どんなボロきれの端っこでも、新聞の切れはしでも、アフガニスタンの人たちにとっては「ゴミ」どころか貴重品なのである。小さな男の子が得意そうにポケットから出して私に見せてくれた彼の宝物は、三枚のペシャンコにのばしたアメリカ煙草の空袋で、私は胸をつかれた。

捨てるものがなければゴミ箱は要らないが、私たちの生活では、ゴミが出ない日はない。整理整頓魔の私は、夫から「ゴミ出しお秀」と呼ばれているほどである。

この簡易くず物入れはカナダ製で、ロールになったビニール袋を引っぱり上げるところがなかなか利口に出来ている。台所の壁面などに、腰の高さくらいのところに取りつけると操作が楽で疲れない。

本体は１５００円。スペアバッグは九〇枚で５００円。西武百貨店・シアーズコーナーにあります。

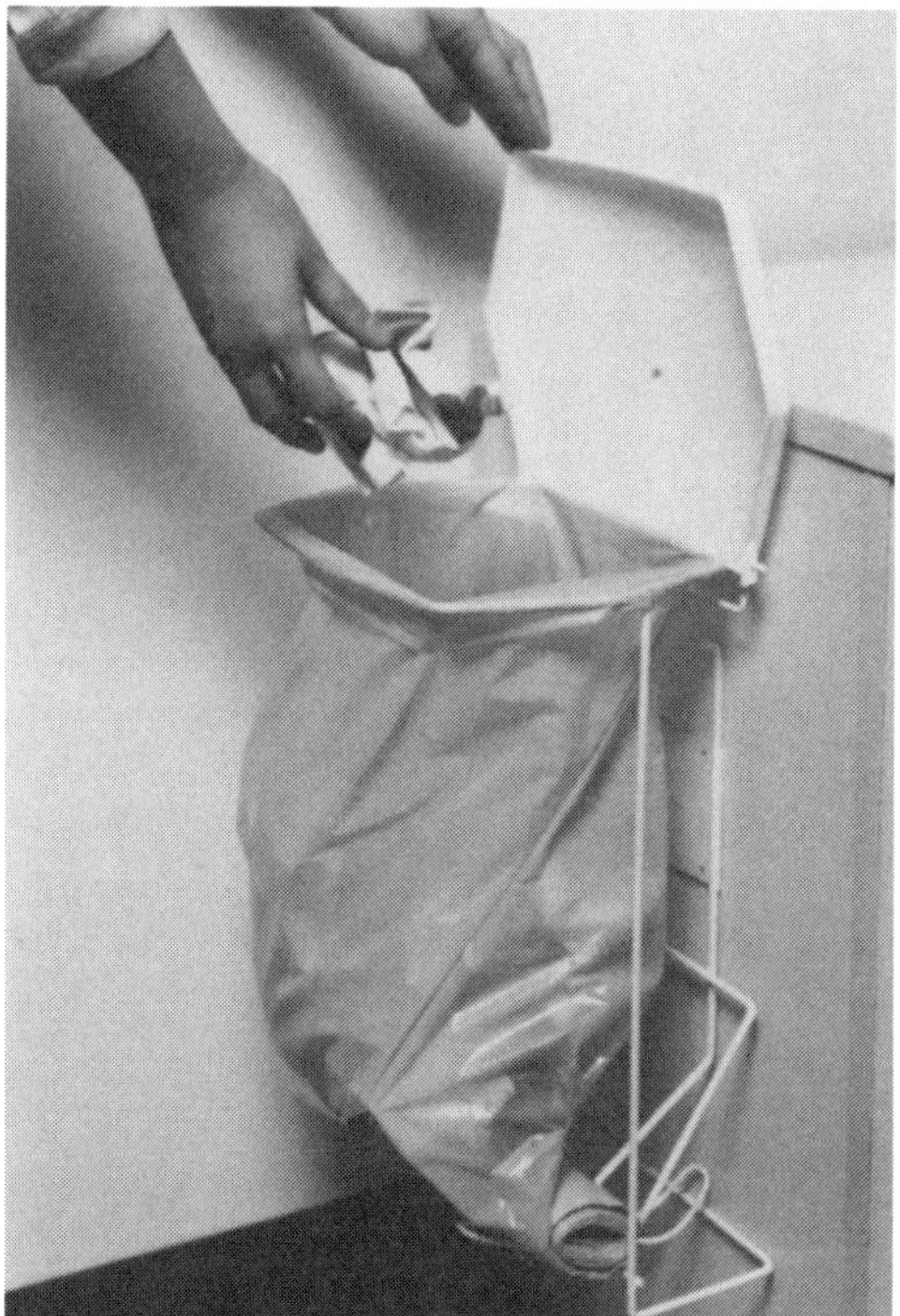

94

レターオープナー

毎朝、ヒモで束ねられた郵便物がドサリ……という感じで到来する。

その郵便物の整理には、紙切りバサミとペーパーナイフの助太刀がなくてはどうにもならない。

毎日使う「小物」にはウルサイほうなので、長い間、ペーパーナイフも、ゾリンゲン、ジョージジェンセン、ダンヒル、そして小柄《こづか》、象牙製、ベッ甲製、木製、と、あちこちがペーパーナイフだらけになった。「もう、ペーパーナイフは絶対に買うまい……」と決心したとたんに、イヤじゃありませんか、あなた、なんともスマートなペーパーナイフが出現しちゃったの。

一見、味もソッケもないデザインだけど、さすが西ドイツ製、切れ味もシャープだし、小さなルーペがおまけについているとこも悪くないし……。「で、どうしたのさ」ですって？ やっぱり、買っちゃったア。

お値段８００円。

文具店にあります。

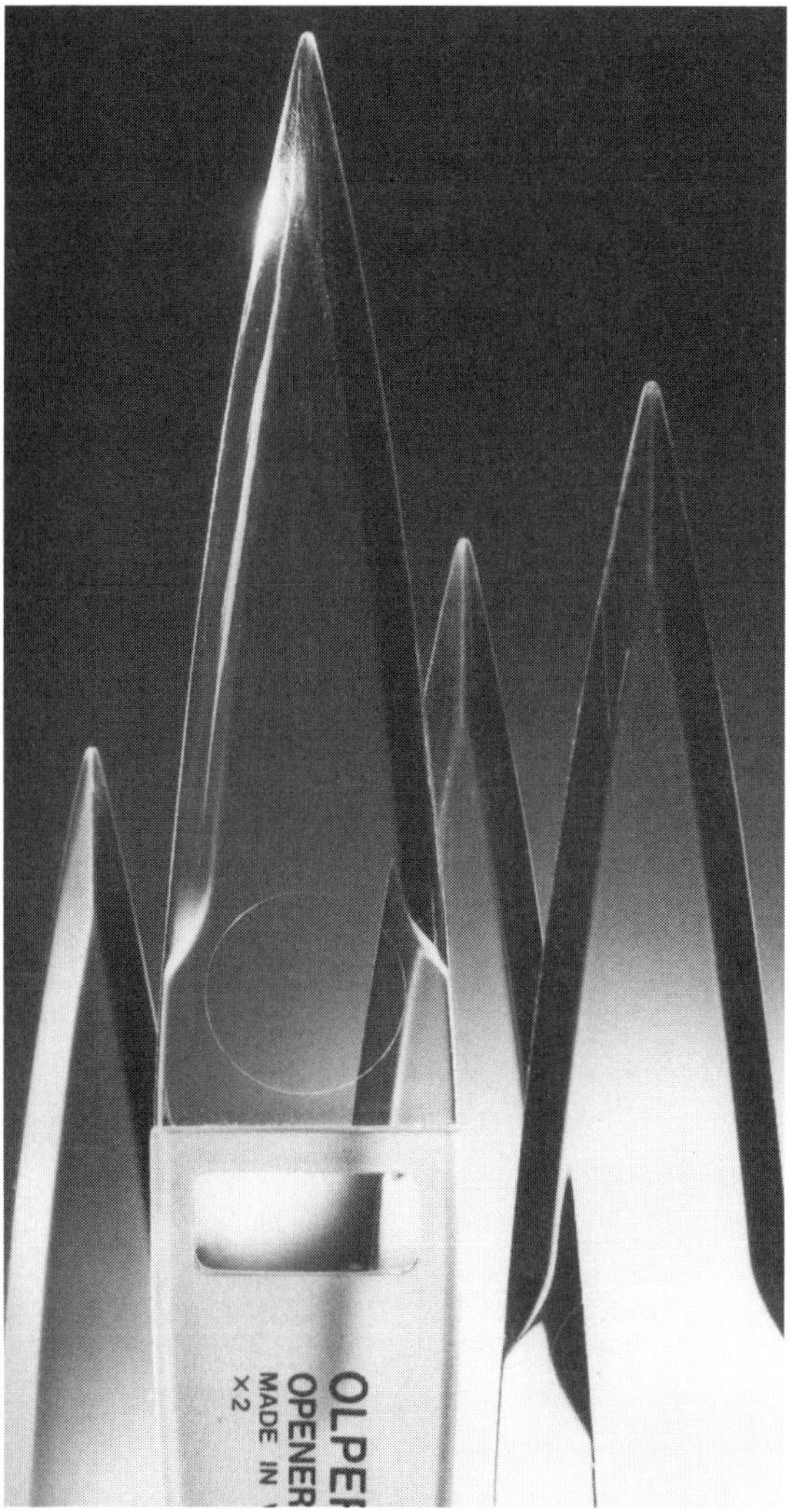
OPENER
MADE IN
×2

95

レモンの皮おろし

わが家のサラダドレッシングは酢の代わりにレモンの汁を用いる。

ときどきレモンの皮もパラパラッと散らして色と香りを楽しむのだけれど、私はなぜか包丁でレモンの皮をそぐのが下手で、レモンならぬわが手の親指の皮をそいでしまうのダ。

最近みつけた、小さなヘラに五つの穴のあいた、一見ヘンテコなこの道具はフランス製のレモンの皮おろし？　で、レモンの他に、ゆずやダイダイ、ライムの皮も薄く細く美しくそげるのでゴキゲン。

デパート、専門店、どこにでも売っているけれど、お値段は、全く同じモノなのに、2000円から2800円とかなりちがうのは、なぜなのかしら？

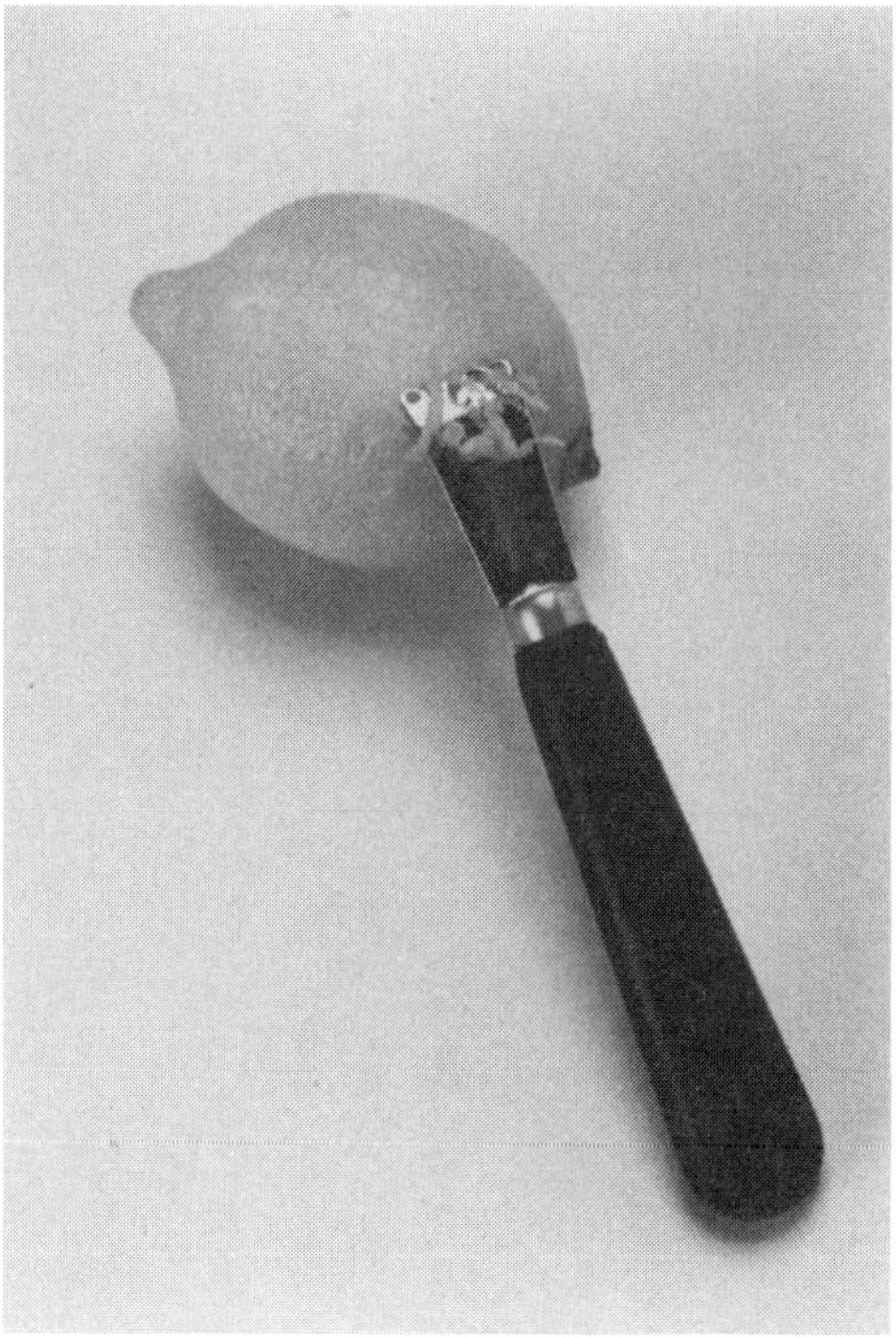

147　レモンの皮おろし

二十年の連載を終えて

その一

『TWO WAY』誌に「いいもの見つけた」というタイトルの小エッセイを書き続けて、二十年がたった。

チマチマとした品物の写真とチマチマとした文章ではあったけれど、チリも積もればなんとやら、で、あらためて二十年間のリストを眺めてみると、かなりの量になっていて自分でもへエー！　とおどろいた。

二十年前、このページを引き受けたとき、私は三つの条件を心に決めた。一つめは「読者のみなさんが、二、三回のコーヒー代を節約する程度の価格で購入できるもの」。二つめは「シンプルで実用的で、常時役に立つもの」。三つめは「どんなにいいものでも日本国で購入できないものは選ばないこと」であった。

この三条件はなんということもないはずなのに、独断と偏見に満ち、病的なまでに好き嫌いのはげしい、つまりガンコな私の性格の手かせ足かせになって、私を苦しめた。

私は、スッキリサッパリした生活が好きなので、家の中には必要限度外の品物は、コップ一個たりとも置かない主義である。ところが、自分の好みだけでなく、「他人さまにも推薦できるいいもの」となると責任は重大で、例えばピーラーひとつでもあれもこれもと買いこんできて、実際に使ってみないと気がすまず、キッチンばさみなどは十丁の余を試した揚句、ようやく西武デパートの「主婦の目コーナー」で見つけたはさみに落ちついた、という具合である。大根おろし器、落としぶた、ナイフシャープナー……。わが家の台所はみるみる内に荒物屋さながらになった。過去二十年、百回を超えた連載の中で、キッチン用具以外のものが半数にもならなかったのは、つまり、私が台所につっ立っていた時間がそれだけ長かった、ということである。

ノミとりまなこを光らせて「いいもの」を探し歩いた二十年は、私にとっては懐しい思い出にはなったけれど、一方的に私の好みを押しつけられたみなさんには「お気の毒だったかしら?」と、おそまきながら反省している。

（一九九五年二月・一二三号）

その二

『ツーウェイ』に、短い巻頭エッセイを書きはじめたのは、一九七四年、第一号からであった。生来ケチな私は、台所に立った主婦がちょっと楽しめて便利で、しかも値段はコーヒー一杯かスカーフ一枚ほどの、手軽に買える品物をテーマにしようと決めた。タイトルは「いいもの見つけた」である。

さて、それからが大変で、年がら年中、キッチングッズを探し求めて右往左往したが、いいものはなかなかみつからない。たとえみつかっても、一度は自分で使ってみなければ気がすまず、我が家の台所はみるみるうちに台所用品で溢れかえって悲鳴をあげた。

それでも、二十余年間、百二十一回。よくも書き続けたものよ、と、われながらビックリしている。

（一九九八年四月・特別号）

あとがき

暮らしの達人

～亡き母・高峰秀子に捧ぐ

斎藤明美

最近まで、私はこの連載の存在を知らなかった。

高峰のあとがきによれば、開始されたのは一九七四年だという。まだ私が高知の田舎で迫り来る大学受験に向けて神経衰弱ぎりぎりで勉強していた頃だ。

高峰のエッセイさえ読んだことがなかった。

二十年後、彼女の連載が終了した一九九四年は、高峰秀子という生身の人間に、じかに私が初めて会った年である。

週刊誌の記者になって六年目、高峰の著作もほぼ全て読み、原稿も短い物を幾つかもらっていたが、接触は電話と手紙だけだったから、この平成六年九月一日の初対面は、今でも鮮明に覚えている。

その小さな身体から放たれる圧倒的なオーラに目を見張り、そして、その静かな眼が湛えている光は、私のそれまでの人生では出逢ったことがない、何か〝凄さ〟を秘めていた。

ああ、この人の前では私など、ただの頭の足りないガキにすぎない。

そうハッキリと感じた。

それは我ながら、実に正しい感覚で、その後二十年以上、今も変わらない事実である。

実母の闘病と死を通して、高峰は私の文字通り恩人となり、私は高峰を「かあちゃん」、少し遅れて松山善三を「とうちゃん」と呼び、毎日のように夕食によんでもらうようになる。

その頃、もう高峰は西武百貨店のアドバイザーをやめる直前で、それでも月に一度の会議には出席していたと記憶している。

会議はメンバーの夕食会もかねていて、確か金曜日の夜だった。

高峰が夫の松山を家に残して一人で夜外出したのは、後にも先にもその月一の会議だけだった。

だからそれは、金曜日当日の午後だったのだろう。私が例によって台所の高峰に甘えていると、カウンターに置かれたある物が目に入った。

よく松花堂弁当などに使うような黒くて広いお重箱だった。

不思議だったのは、その区分けされた一つ一つの区画に紙片が入っていたことだ。

何だろうと思って見ると、一番大きな区画に入っている紙切れには鉛筆で「ご飯」と書かれていた。

別の区画には、「卵焼き」、また別の区画には「サラダ」、次には「肉ジャガ」……、全ては覚えていないが、とにかく料理、おかずの名前が書いてあるのだ。

「これ、何？」

私が訊くと、

「とうちゃんの夕飯よ。今夜は西武の会議があるから、用意しておくの。でないと、とうちゃん飢え死にしちゃうでしょ」

そう言って、高峰は笑った。

私は驚いた。おかずの品数は少なくとも五つ六つはあったからだ。このチマチマした区画に入れるために五種類も六種類も高峰は料理を作るのか、と。

「へ〜え、すごいね」

私が驚きを言葉にすると、

「いつもこうするのよ、月に一回ね。前から何度ももうやめさせてくださいって言ってるんだけど、もう少しもう少しって延ばされて、やっと今回が最後の会議」

嬉々として高峰は料理を始めた。

そうか、今夜はとうちゃん、独りで夕飯か。

面白いから電話してやれ。

私は当時働いていた週刊誌の編集部から、夜七時頃、松山に電話した。

いつもの電話は何度鳴らしても出ないので、松山の書斎に直接、電話してみた。

今度はすぐに出た。

「とうちゃん、何してるの？」

「ご飯食べてるんだよ」

「書斎で？」

「そうだよ」

「かあちゃんがいないから、寂しいでしょ？」

わざとそんな意地悪を言ってみた。

すると松山は、

「全然」

いかにも空元気な感じがした。

「ウソばっかり。寂しいくせに」

「弁当とビールを持ってきて、テレビ見ながら食べてるんだ、全然寂しくない」

私は可笑しくて、翌日、高峰に告げ口した。

「昨日の晩、とうちゃんに電話して『寂しいでしょ？』って訊いたら、『全然』なんて言ってたよ」

高峰はわざとほっぺたを膨らませて、

「ま、憎らしいわね」

と、笑った。

高峰が好きなもの。

それは、平凡な日常。

そして、夫だった。

それから数年後のこと。

ある日の午後、高峰から電話が来た。

「今ね、即席ラーメン作って、どんぶりに移すの面倒くさいから、片手鍋から直接食べてたら、唇やけどしそうになっちゃった」

私はびっくりした。

「かあちゃん、そんなことするの？」

いつもは料理の色合いに合せた皿や小鉢に料理を盛って食卓に並べる高峰が、片手鍋から直接？　しかも即席ラーメンを……。

「今日は珍しくとうちゃんが仕事相手と外で昼ご飯を食べるからって、午前中から出かけたの。私一人だから即席ラーメン。うん、もってるよ。こういう時のために即席ラーメンうちに置いてあるの」

「かあちゃんがそんなことするとは思わなかった」

またも同じことを私が言うと、

「するよ。私は本来ものぐさなの。きっととうちゃんがいなかったら食事なんか紙のお皿とコップだと思う」

私はもっと驚いた。

つまり、夫の松山善三がいるから、あの食卓なのだ。

味だけでなく、目にも美しい料理、そしてセンスのよい配膳、食卓……。

三度三度、一日も休まず、台所に立って、美味しい料理を作るのは、松山がいるからこそだったのだ。

もちろん、高峰は明確な〝趣味〟を持っている人だった。

「亀の子束子一つ、自分の気に入らない物は何一つ、この家にはありません」

そう明言するほど。

その代表の一つが、台所用具だった。

本書で紹介された様々な小さな〝物〟は、高峰が愛した物だ。

だがそれらは、高峰自身が愛したと同時に、高峰が夫を愛した証でもあったのだ。

高峰が巻末に書いた「二十年の連載を終えて」の中の一文。

〈過去二十年、百回を超えた連載の中で、キッチン用具以外のものが半数にもならなかったのは、つまり、私が台所につっ立っていた時間がそれだけ長かった、ということである〉

台所につっ立っていた——。

〝夫のために〟つっ立っていた、のである。

松山は幸せだった。

そして、松山のためにそうできた高峰は、もっと幸せだった。

今、あらためて、私はそう思う。

*

幻となっていた連載を一冊の書籍に編んでくださった河出書房新社の西口徹氏と、本書を作るにあたって多大なご協力を下さった中央公論新社の藤平歩氏に、感謝いたします。

斎藤明美

平成二十八年　十二月

＊本書は、『TWO WAY』誌（生活情報研究所編、一九七四年～九五年）に連載された〈いいもの見つけた〉より、創刊号を始め、中公文庫版『いいもの見つけた』（二〇一五年）に未収録の文章を五〇音順にまとめたものです。

高峰秀子

（たかみね・ひでこ）

1924年生まれ。女優、エッセイスト。
五歳の時、松竹映画「母」で子役デビュー。以降、「カルメン故郷に帰る」「二十四の瞳」「浮雲」「名もなく貧しく美しく」など、300本を超える映画に出演。『わたしの渡世日記』（日本エッセイスト・クラブ賞受賞）『巴里ひとりある記』『まいまいつぶろ』『コットンが好き』『にんげん蚤の市』『瓶の中』『忍ばずの女』『いっぴきの虫』『つづりかた巴里』など著書多数。夫は脚本家で映画監督の松山善三。2009年、作家・斎藤明美を養女に。2010年死去。

私のごひいき

95の小さな愛用品たち

二〇一七年一月二〇日　初版印刷
二〇一七年一月三〇日　初版発行
著　者——高峰秀子
発行者——小野寺優
発行所——株式会社河出書房新社
東京都渋谷区千駄ヶ谷二-三二-二
電　話——〇三-三四〇四-一二〇一［営業］
〇三-三四〇四-八六一一［編集］
http://www.kawade.co.jp/
組　版——有限会社マーリンクレイン
印　刷——株式会社亨有堂印刷所
製　本——小髙製本工業株式会社

ISBN978-4-309-02530-8
Printed in Japan

高峰秀子・著

瓶の中

結婚以来、少しずつ、
自分の道を歩き始め、
女優のセリフではない
「自分の言葉」をしゃべり始めた
随筆家の、達意の文章と、
豪華な写真でお届けする、
人間高峰秀子、美の集大成。
生誕90年記念復刊。

河出書房新社